탐욕스러운 돌봄

잘 키우려
할수록
나빠지는
불행에
대하여

탐욕스러운

돌봄

신성아 지음

혼자 애쓴다고 쉬워지지 않는다

.

책이라면 가리지 않고 읽는 편이지만 독서만으로는 헤 5
아리기조차 어려운 세계도 있다. 돌봄, 특히 육아가 그랬다.
아무리 책을 읽어도 도무지 쉽고 편해지지 않았다. 영유아를
잘 돌보기 위해 알아야 할 소아 의료 상식부터 자기주도학
습을 돕는 코칭법과 프랑스 엄마들의 비법까지 각종 실용서
를 들여다보아도 현실은 늘 책과 달랐다. 마치 돌봄계의 파
우스트처럼 세상의 온갖 돌봄학*을 섭렵하겠다는 듯 덤벼들
었지만 나는 늘 불안하고 공허했다. 앎에 일생을 바친 그의
지적인 열망에 비할 바야 못 되겠으나 일극의 상태를 끝없이
추구하다 끝내 좌절한다는 점에서 그랬다. 이상이 너무 높았
기 때문이 아니라 그 이상이 양가적이라 결국 자기모순에 빠
졌던 탓이다.

경쟁에 능숙하면서도 다른 사람을 배려할 수 있는 아이로 키우고 싶었다. 자신만의 양육관과 교육철학을 단단히 견지해 세속에 휩쓸리지 않되 시대의 흐름에는 뒤처지지 않는 엄마가 되고 싶었다. 요가 매트 위에서 미는 힘과 버티는 힘을 동시에 쓰는 삼각 자세를 취할 때처럼 힘들고, 화가 났다. 내 수준에 맞춰 할 수 있는 만큼만 하자니 평생 풋내기 부모 신세를 벗지 못할 것 같아 두려웠다. 엄마도 엄마가 처음이라 그렇다는 순박한 위로는 유효기간이 짧았다. 체제에 자발적으로 순응하고 세상의 속도를 아득바득 따라잡아야만 아이 하나 겨우 건사할 수 있는 사회에 대한 불만이 켜켜이 쌓여갔다. 세상과의 타협이 꼭 악마와 맺는 계약 같았지만 도도히 거절하지도 못한 채 하기 싫은 숙제처럼 내내 끼고만 살았다.

그러나 악마는 가부장제나 신자유주의가 아니었다. 메피스토펠레스는 바로 내 안에 있었다. 괴물의 공허한 목소리에 구체적인 행동으로써 실체를 부여한 것은 다름 아닌 나였다. 게다가 나는 지나치게 성실했다. 누군가와 끊임없이 비교했기에 결코 채워지지 않았던 나의 욕망이 곧 연료였고, 아이의 작은 성취를 내 것으로 착각하며 눈에 불을 켜고 앞만 바라봤다. 끝없이 이어질 경쟁에서 일찌감치 선두를 점하고 결코 그 자리를 양보하지 않겠다던 내 욕심은 오랜 불안과 공포를 동력으로 삼았기에 좀처럼 사그라질 줄 몰랐다. 제풀에 지쳐 기진맥진할 때마다 세상에 분노하고 세태를 냉소했지만 소용없었다. 내 안의 괴물을 발견하지 못하고 밖에서만 적을 찾았으니 공격도 방어도 무효했다.

돌봄이 이렇게나 힘들 일일까. 아이가 단 5분도 찬 바람을 맞는 것이 싫어 학원 건물 앞에 불법주차를 하고 기다리는 부모도, 자기 자녀가 폭력의 가해자라는 사실을 부인하고 은폐하는 부모도, 당장 내 아이의 일이 아니라는 이유로 차별을 묵인하고 방관하는 부모도, 대학 입시나 취직에 필요한 자격을 대신 만들어주는 부모도 돌봄이 마냥 쉽지만은 않을 것이다. 하지만 '이 세상에 부모 마음 다 같은 마음'이라 해도 모든 부모는 부모이기 전에 시민이고 개인이다. 자식 또한 부모의 분신이 아니라 고유한 타인이다. 우리는 아이와 좋은 이별을 맞기 위해 사랑한다. 사랑을 줄 수 있지만 생각을 심을 수는 없다. 부모이기 전에 각자의 '나'들이 먼저 자신을 들여다보고, 타인을 돌보는 그 마음을 돌이키기를 제안하고 싶었다. 그렇게 자신뿐 아니라 우리를, 이 사회를 함께 돌아보면 돌봄이 조금은 덜 힘들 수 있을 것이라 기대하기 때문이다. 돌봄의 어려움은 나 혼자 애쓴다고 덜어지지 않는다.

상대의 행복을 바라는 진심을 욕심이라 부르면 탐욕스럽지 않은 돌봄은 없다. 정성과 유난, 책임감과 욕심은 그 경계가 모호하고 기준도 저마다 다르기에 무결하고 이상적인 돌봄이란 성립 불가능하다. 지향의 대상이 될 수 있을지언정 완벽하게 다다른 상태로 존재할 수는 없는 것이다. 그저 수

7

많은 '나'들의 돌봄이 있고 각자의 '최선'이 있다. 다만 상대에게 가장 좋고 훌륭한 최선을 주기 위해 온 정성과 힘을 다하는 나의 최선이 자식을 포함한 타인의 권리를 침해한다면 그것은 더 이상 '최선'이라 부를 수 없을 것이다. 강요된 정답에 쫓기지 않고 내 생각대로, 내 방식과 속도에 맞춰 아이를 키울 수 있을 때야말로 돌봄에서도 분명 흥미와 즐거움을 느낄 수 있으리라 믿는다.

아이를 돌보고 키운다는 것은 수고롭지만 그 무엇보다도 창조적인 일이다. 세상 어떤 일도 나의 개성과 취향, 오랜 고집과 가치관을 이토록 오롯이 반영하지 못한다. 한편 이 일은 손으로 빚는 대로 그 형상이 완성되는 공예 같은 작업과는 또 달라서 아이의 타고난 기질에 예상치 못한 변수까지 더해지며 나름의 동학動學이 발생한다. 결과를 섣불리 예측하기 어려운 것은 물론이다. 더구나 돌봄은 가족이라는 진공의 영역 내에서만 이루어지는 것이 아니기에 지극히 사회적이며 정치적인 효과를 낸다. 아이를 돌보는 일이 실제로 세상을 바꾼다.

그렇게 창조적인 시간을 보내며 무어라 마땅히 정의할 수 없는 장르의 글을 썼다. 아이라는 개체를 꼼꼼히 들여다본 관찰기이자 양육 과정에서 느낀 곤란을 구체적으로 술회한 체험기이기도 하다. 아이를 키우는 일은 종종 긴 여행에 비유되는데 기실 세상의 모든 육아 일기는 하나하나 고유한 세계를 탐방하는 견문록이자 여행기라 해도 좋을 것이다. 또는 그 특별한 여행을 자꾸 훼방하는 이 사회에 대한 비평일 수도 있겠다. 실제 일부 글은 〈한겨레21〉에 기고했던 칼럼을 다시 고쳐 쓴 것이다.

해보니 돌봄이 정말 그렇다. 대체 어떤 양상의 일인지 쉽게 정의할 수 없고, 나 혼자 다 하는 것 같지만 이 사회의 구조로부터 결코 자유로울 수 없으며, 긴 시간에 따르는 감정의 스펙트럼도 무척이나 넓어 보람이나 헛수고 같은 한마디만으로는 그 심정을 다 표현할 수 없다. 돌보는 이와 돌봄을 받는 이 모두 세상에 유일한 존재이기 때문이리라. 그럼에도 다른 누군가와 비슷하기도 하고 판이하기도 할 나의 이 경험과 생각, 감정들이 오늘, 현존하기를 바란다. 공감을 부르거나 반론을 촉발하여 다양한 반응과 더 많은 의견을 불러내기를, 그래서 기존의 획일적인 돌봄 양상에 균열을 내고 각자의 새로운 방식이 환영받기를, 그리고 마침내 돌봄이 나만의 예술이자 모두의 책임이 되기를 염원한다.

2026년 2월
신성아

9

차례

3부 성장은 개인적일 수 없는 것

4부 지성보다 용기

1부

남들 다 하는 것에
던지는 의문

자기만의 함函

아이가 다니는 수영장은 한쪽 벽면이 통유리창이다. 레슨받는 아이를 기다리는 동안 밖에서 편하게 지켜보라는 듯 유리창 바로 옆에 작은 테이블과 의자를 설치하고, 커피머신도 두었다. 하지만 막상 의자에 앉아도 그 시간을 온전히 즐기기는 어렵다. 올림픽 수영경기도 400미터부터는 지루한데, 킥판도 떼지 못한 아이의 수영 연습에 50분간 집중하기란 아무래도 쉽지 않다.

발레 학원을 다니던 여섯 살 때는 달랐다. 어쩌다 아이를 직접 등원시켜줄 때면 수업이 시작된 후에도 자리를 뜨지 못하고 연습실 문에 난 작은 창 앞을 한참 동안 서성였다. 튀튀를 입고 아장아장 움직이는 모습이 인형처럼 깜찍해 자꾸만 눈이 갔다. 학원에서는 엄마와 눈이 마주치면 아이가 수업에 집중하지 못하니 대기실에서 기다려달라고 했지만 나 같은 엄마가 워낙 많았는지 급기야 대기실에 모니터를 하나 설치했다. 공연에 지각해 인터미션까지 입장을 기다리는 관객을 위해 틀어두는 중계 화면 같은 것이었다. 그 24인치 흑백 모니터 속 흐릿한 움직임을 아이가 그림책 펼쳐 보듯 빤히 들여다보곤 했다.

아이는 어느덧 열두 살이 되었고 더 이상 공주님을 흉내 내지 않는다. 실리콘 수모를 혼자서 척척 쓰고 물을 갈라 앞으로 나아가는 법을 배운다. 그리고 나는 더 이상 아이를 오래 바라보지 못한다. 지금 아이의 모습에 집중하지 못하고 자꾸만 다음을 생각한다. 수영장에서 마주치는 다른 엄마들도 마찬가지다. 전공이 아닌 취미반이라 아마도 그렇겠지만 도통 아이를 길게 보지 않는다. 대개 휴대폰을 본다. 친한 엄마들끼리 수다를 떠는 경우도 종종 있지만 부부가 함께 오면 또 각자 휴대폰을 본다. 그러지도 못하는 나는 공연히 부산스럽게 군다. 휴대폰만 들여다보는 내 모습을 유리창 너머로 아이가 보고 따라 할까 염려되기도 하고, 학원 라이딩과 대기에 아직 익숙지 않은지 잘게 쪼개진 내 자유 시간을 활용하는 데도 영 미숙한 탓이다. 휴대폰을 만지작대다가도 고개를 들어 아이를 한번 좇고, 가방에 꾸역꾸역 넣어 온 책을 뒤적이다가 다시 휴대폰 화면을 연다. 그러다 내 아이가 아닌 다른 아이들과 주위의 엄마들을 티 나지 않게 관찰한다. 유독 월등한 실력을 뽐내는 아이를 보면 원래 운동신경을 타고난 건지, 수영은 얼마나 오래 배운 건지 궁금하다. 어른들 사이에서나 유행하는 최신 브랜드 수영복을 입은 어떤 아이는 2시 방향에 잘 차려입은 바로 저 여자가 엄마인지도 궁금하다.

내 아이가 아닌 다른 아이의 진도나 수영복을 눈여겨보는 것은 내 안에 슬슬 비교 회로가 작동하기 시작했다는 뜻이다. 서둘러 전원을 차단해야 한다. 창에서 눈을 돌려 다시 책을 본다. 바로 옆 테이블의 엄마도 이미 책을 보고 있다. 정확히는 책이 아니라 스프링 제본된 두툼한 A4 용지 묶음, 문제집이다. 4학년 2학기 수학 교재다. 스위치가 다시 켜지고 전압이 올랐다. 우리 아이와 같은 학년이다. 지금은 1학

17

기 말이므로 복습이 아니라 선행학습일 것이다. 황소수학 교재다. 그것도 '일품'이다. '경시-심화-실력' 다음에 마지막으로 푼다는 그 일품 교재다. 누구일까? 과연 저 안의 어떤 아이가 수영도 잘하고 수학도 잘하는 걸까? 초등학교 고학년이 되면 시간이 없어 예체능은 배우기 어려우니 지금이 운동에 집중할 적기라고 했는데, 그 체력이 중고등학교 때까지 엉덩이 붙이고 앉아 있을 힘이라고 했는데, 아니었다 보다. 또 늦었다. 얼마 전 학교에서 배운 평면도형을 뒤집고 돌리는 것도 평영 발차기만큼이나 헷갈려하는 우리 딸은 어쩌지. 어쩌면 다른 형제자매의 문제집일 수도 있다. 그 엄마가 '생각하는황소' 학원의 선생님일지도 모른다. 그러나 사실관계는 중요하지 않다. ISBN 코드도 찍히지 않은 수학 문제집 한권에 나는 평정을 잃고 흔들린다.

취약하니까 흔들린다. 모두가 옳다고 말하기에 그렇게 믿어왔던 방법이 실은 표준이 아니었음을 뒤늦게 깨달았을 때, 불안은 파도처럼 밀려온다. 표준은 편안하다. 현재를 통제할 수 있으며 미래는 예측 가능하다. 마트 문화센터의 트니트니 체조부터 시작해 발레, 미술, 줄넘기, 피아노, 태권도, 수영, 영어, 수학, 중국어 학원으로 이어지는 일련의 패턴은 익숙하고 안정적이다. 오래 간직해온 교육관에 따라, 혹은 첫아이라 잘 모른다는 핑계로 남다른 선택을 하려 들어도 주변의 회유나 억압이 재고를 강제한다. 내가 소수자가 되는 것은 감내할 수 있어도 내 아이가 순전히 나의 선택 때문에 남보다 못한 처지에 놓일까 소심해진다. 나 혼자 학원을 보내지 않거나 시력 교정 렌즈 대신 그냥 안경을 씌우는 등의 선택을 하기가 어려운 것이다. 그 대신 표준화된 경로를 성실하게 따라가면 적어도 크게 실패할 일은 없을 것이라 믿게 된다. 그렇게 패턴화된 삶에 천착하다 보면 아무리 노력해도 패턴을 쫓을 수조차 없는 삶도 있다는 현실을 잊게 된다.

사실 요행을 바라지 않고 내 노력으로 더 나은 미래에 도달하겠다는 이 신념은 오랜 환상이자 오해다. 오히려 우리가 항상 염두에 두어야 할 것은 행운 또는 불운이라는 극단의 형태로 찾아오는 우연이다. 개인의 전 생애에 걸쳐 행불행을 결정하는 것은 '불행히도' 우연이다. 한 사람이 태어날 때의 시공간적 위치부터가 그렇다. 인종, 국적, 성별, 계급, 장애 유무, 성적 지향에 이르기까지 삶의 조건을 결정짓는 다수의 조건이 이미 정해져 있다. 재능은 우연히 주어진 선물gift이고, 그 재능을 발휘할 수 있도록 지지해줄 환경 또한 무작위로 배정된다. 개인의 선택이 미래에 미치는 영향은 지극히 제한적이다.

사라 아메드는 사회적으로 약속된 행복이란 행복에서 우연을 제거해나가는 방식으로 만들어졌다고 지적했다.[1] 행복이란 내가 한 일의 결과이자 보상이라는 굳은 믿음이 문제라는 것이다. 반대로 불행은 내 오판과 나태의 결과이므로 우리가 할 수 있는 일은 행복을 얻고 불행을 피할 수 있도록 이 악물고 분투하는 것밖에 없다. 여기에는 내 힘으로 얻지

19

못하는 것이나 뜻밖의 선물을 꿈꾸는 소망 또는 희망이 들어설 자리가 없다. 반복되며 확산되는 개인의 불행을 방치하는 사회구조에 대한 비판의 계기도 없다.

그래서 나는 앞을 내다볼 때 우연의 여지를 더 많이 남겨두어야 한다고 믿는다. 사라 아메드가 말했듯 누군가에게 '우연 발생emergence'이 가득하다는 것은 뭐가 됐든 그에게 예상치 못한 사건이 자꾸 발생한다는 것이다. 우리의 삶이 이미 그렇다. 중요한 결정의 순간을 여러 번 지나온 나보다도 아이의 삶이 앞으로 더 그렇기를 바란다. 우연과 가능성을 인정하면 다른 경우의 수, 다른 방식의 삶, 다른 양상의 존재를 포용할 수 있다. 행운이라면 잘 간수해 지키고, 불운이라면 함께 대안을 찾으면 된다. 이런 세계에서는 패턴을 거절하고 보다 과감하게 나만의 방법을 찾을 수 있을 것이다. 내 선택에 확신을 갖되 그 결과에 너무 큰 의미를 부여하지 않는 것도 가능하다.

어린이를 키우며 이 우연의 세계를 경험하고 연습한다. 어쩌면 정원을 가꾸는 일과도 비슷할 것이다. 아이의 정원에는 자기만의 떼루아terroir가 있다. 인위적인 노력으로 쉽사리 바뀌지 않는 그 토양에 나는 무슨 씨앗을 심어주어야 할까. 바람에 날려 온 씨앗이 나도 모르게 꽃을 피울 수도 있을 것이다. 물론 발아하지 않는 씨앗도 있을 것이다. 물을 얼마나 자주 주어야 할지, 볕이 부족하지는 않은지, 가느다란 줄기에 지지대를 받치면 어떨지 늘 고민하고 방법을 궁리하는 것 또한 내 몫이다.

집 앞 마당이나 옥상 텃밭을 가꿀 때 단 하나의 정석이 있다고 믿는 사람은 없다. 지인이나 전문가의 조언을 참조할 수는 있어도 결국은 주어진 땅에 따라, 씨앗의 배에 따라, 돌보고 가꾸는 사람의 마음과 성향에 따라 정원의 풍경이 달라진다. 무엇보다 햇볕과 바람과 비는 누구도 예측할 수 없다. 그럼에도 불구하고 욕심을 못 이겨 기어이 정원을 망치는 경우가 있다. 왜 싹이 나지 않는지, 왜 다른 집만큼 빨리 크지 않는지 안달을 내다 아름다운 정원은커녕 황무지로 만들어버리는 것이다. 그 비극을 표현하는 말을 우리는 이미 안다. 조장助長. 송나라의 어리석은 농부가 옆 논을 보고 조바심이 나 벼 이삭을 조금씩 위로 뽑아 올렸다가 농사를 망쳤다는 데서 유래했다는 이 말은 요새도 어원에 가까운 쓰임을 보인다. '과도한 선행학습'이나 '조기 사교육' 같은 말 뒤에 올 때 주로 그렇다.

수영을 마친 아이가 나와 물었다. "엄마, 아까 놀이 시간에 나랑 같이 잠수한 걔 봤지?" 사실 누구를 지칭하는지 몰랐지만 자신 있는 척 되물었다. "노랑 모자 쓴 애?" 다행히 정답이었다. 아이는 그 친구가 자기를 물속에서 발로 두 번이나 찼는데도 사과하지 않았다며 분개했다. 마침 수중에서 발생한 사건이라 현장을 목격하지 못한 나의 불충은 자연스럽게 무마할 수 있었다. 이어지는 아이의 말을 들으며 이번에는 반드시 집중하려고 노력한다. 예의 그 발차기 사건을 지나칠 정도로 장황하게 설명하고 있다. 하지만 지금 조경사가 해야 할 일은 경청이다. 조잘대다 기분이 스스로 풀릴 때까지 아이의 말을 들어주고 적극적으로 공감해주어야 정원에 볕이 들 것이다. 부지불식간에 나 또한 황소수학을 까맣게 잊었다.

"나는 그저 다른 무엇이 아닌 자기 자신이 되는 것이 훨씬 중요한 일"[2]이라는 버지니아 울프의 말을 아주 오랫동안 기억하고 있었다. 그렇게 살고자 했기 때문이다. 그런데 아이에게도 그럴 기회를 주어야 한다는 사실은 너무 자주 잊는다. 아이에게 어떤 우연이 닥치더라도(실제 그럴 것이다) 유연하게 대처할 수 있는 힘을 길러주고 싶다. 표준에 맞춰 나를 통제하고 관리하려는 것이 아니라 나를 잃지 않으려는 태도를 알려주고 싶다. 함수의 그래프가 변곡점을 지날 때마다 오목해졌다 볼록해졌다 해도 곡선은 끊기지 않는다. 선이 더 나아가지 못한다면 극점에 이르렀을 때뿐이다. 이 우연의 세계에서 아이가 자기만의 함函, 내면의 상자를 온전히 지키길 바란다. 어떤 변수더라도 아이의 함을 통과해 아이의 수가 되기를 바란다. 내가 간절히 바라왔던 것처럼. 그렇게 된다면 그것이 곧 '나'의 돌봄이고 나의 수이자 나 자신일 것이다.

자존감이라는 무기

아이의 수학 문제집을 채점하는 일은 의외로 쌍방향 소통이다. 지우개로 여러 번 지웠다 다시 쓰는 바람에 자글자글해진 종이에서 깊은 고뇌의 흔적을 읽는다. 얕은 함정에 빠져 억울하겠다 싶지만 틀린 답에는 과감히 빗금을 긋는다. 동그라미는 찌그러지지 않도록 최선을 다해 그려준다. 아이가 말을 걸기도 한다. 주어진 선에 1센티미터 간격을 두고 평행선을 그어보란 문제에 아이는 답 대신 "자가 없어요"라고 써두었다. 빗금을 치나, 동그라미를 그리나 고민하다 선과 원을 써서 표정 이모티콘을 그려 넣었다. 놀람이나 당황스러움으로 읽히길 바랐다. 그런데 한 번이 아니었다. 아이는 직각삼각형을 그려보라는 문제에도 "자가 없다"라고 써넣었다. 글씨는 더 크고 삐뚤빼뚤해졌다. 그다음부터는 급기야 "자 X", 이집트 신성문자 같은 형상을 문제 위에 큼직하게 그려두었다. 내가 자 없다고 했는데 왜 자꾸 이런 걸 묻냐는 항변인가. 도형 단원을 공부하면서 자도 챙기지 않은 안일함에 한숨이 났다. 크기별로 다른 삼각자에 반원형 각도기, 컴퍼스까지 들어 있는 문구 세트를 여러 차례 사준 것 같은데 대체 다 어디에 둔 건지 답답했다. 이번엔 이모티콘 대신 빗금을 그었다. 처음부터 그랬어야 했다. 틀린 게 아니라 자가 없어서 못 푼 것뿐이라며 항의할 아이의 얼굴이 선했다.

적지 않은 교사들을 괴롭힌다는 악성 민원 중 하나가 바로 이 빗금에 대한 것이다. 시험지 채점 시 틀린 문제에 붉은색으로 빗금 치는 것이 정서적 아동학대라며 교사를 고소하는 사례까지 있었다고 한다. 우리 아이가 열등감을 느끼고 자존감에 상처를 입는다는 것이다. 사실 요즘 양육·교육 현장에서 자존감만큼 자주 들리는 단어도 없다. 아이 정서 발달의 골간을 이루는 것이 바로 이 자존감이라는 믿음은 부모들에게 또 하나의 숙제를 던졌다. 자아 정체성 찾기나 마음 치유 등 대중화된 임상심리학의 세례를 받으며 성장한 이들일수록 더하다. 20대를 위한 심리학에서 출발해 서른 살에, 마흔에, 심지어 죽음을 준비할 때까지 세대별 심리학에 기대며 자구책을 찾아온 이들에게 자존감이란 어떠한 경우에도 훼손되어서는 안 되며 반드시 지켜야 할 절대 가치로 통용된다. 그러다 보니 자존감이라는 말 자체가 무기화되어 버렸다. 아이에게 생긴 문제로 부모와 교사 간에, 혹은 부모들 사이에 언쟁이 일어났을 때 결정적인 무기가 되는 것이다. 최근 한국 사회의 '공정'이나 '페미니즘' 담론과 유사하다. 유의미한 변화를 만드는 계기가 되지 못하고 상대를 굴복시키는 데만 동원되다 보니 정작 본래의 뜻은 곡해되거나 잊힌다.

마케팅 용어로도 이만한 것이 없다. 수많은 서적과 유튜브, 각종 콘텐츠가 아이의 자존감을 키워주기 위한 양육법을 소개하고 장려한다. 그러나 모호하기는 마찬가지다. 가령 아이의 자존감을 높여주는 N가지 방법이라고 소개된 팁들은 아이의 행동을 칭찬하라, 실패해도 격려하라, 다양한 경험을 하게 하라, 아이의 이야기에 귀를 기울여라 등인데 여기서 자존감을 자신감이나 감성지능, 자기 조절 능력, 학업성

취도, 행복지수 등으로 바꿔도 전혀 어색하지 않다. 또 자존감이 충만한 아이로 키우려면 칭찬을 할 때도 추억을 되새겨 주라거나 미래 지향적으로 표현하라는데, 아이스크림을 하나 더 먹고 싶지만 꾹 참는 정도의 선행을 대체 어떻게 칭찬하라는 것인지 난감하기만 하다. 애초에 자존감이라는 개념이 불분명하고 유동적인 까닭이다. 그렇기 때문에 '높은 자존감'이라는 추상적이고 이상적인 모델을 상정한 후, 아이가 불편함을 느끼거나 부정적인 피드백이라고 판단할 만한 모든 행위를 그와 대조시켜서 자존감이 무엇인지 연역적으로 유추해낸다.

물론 자존감은 중요하다. 《정의론》을 쓴 존 롤스는 개인이 자존감을 느낄 수 있도록 하는 사회적 토대가 자유나 평등, 기회, 소득 따위보다 중요한 사회적 재화라고 했다. 이 자존감은 개인적 자존감과 시민적 자존감으로 구성되는데 개인적 자존감은 개인의 능력이나 자율성을 타인에게 인정받을 때, 그리고 시민적 자존감은 모든 개인이 자신의 사회적 지위와 관계없이 동등한 시민으로 존중받을 때 충족된다. 중요한 점은 시민적 자존감이 개인적 자존감보다 우선한다는 것이다. "나는 소중한 사람이야"라는 개인의 심리적 자존감은 "이 사회는 나를 소중하게 대하고 있어"라는 확신 없이는 유지되기 어렵기 때문이다. 또한 개인이 추구하는 가치가 합리적인 이유 없이 제한되거나 금지된다면 자신의 삶을 가치 있다고 여길 수 없을 뿐 아니라 스스로 삶을 설계하기도 어려울 것이다. 타고난 운이 없는 사람들도 주눅 들지 않고 삶의 목표를 자유롭게 추구할 수 있는 사회, 재난이나 사고로 후천적인 장애를 얻어도, 병들고 나이 들어도, 성적 지향이 달라도 동등한 기회를 부여받고 존중받는 사회가 바로 롤스가 설파한 정의로운 사회다.

이 이상적인 사회는 당연히도 평등이 제도적으로, 그리고 진취적으로 실현될 때 완성될 수 있다. 누구에게나 한 표씩 주어지는 투표권을 넘어 소수집단에도 정치적 영향력과 발언권이 보장될 때, 노력에 따라 경제적 계층 간 이동이 가능할 때, 적어도 성별·나이·인종·장애·외모·병력·성적 지향 등을 이유로 자행되는 근거 없는 차별을 법적으로 금지할 때 자존감은 높아진다. 다름을 인정하자는 캠페인을 넘어 차별금지법이 반드시 제정되어야 하는 이유다. 허민숙 국회 입법조사관의 말대로 법률은 "한 사회에서 어떤 행동이 수용될 수 있는가를 말하는 공개적인 성명"[3]이기 때문이다. 우리 아이의 자존감을 길러주겠다는 노력은 시민적 자존감을 지켜줄 수 있는 사회 없이는 무효하다. 아무리 자식이어도 그는 내가 아닌지라 그가 어떤 선택을 하고 무엇을 좇을지 부모는 알지 못한다. 자식의 미래를 통제하거나 예측할 수 없는 부모, 결국 모든 부모가 지금 해야 할 일 중 하나는 바로 차별 없는 사회를 만드는 것이다.

다큐멘터리 영화 〈너에게 가는 길〉(변규리 감독, 2021)은 내 아이의 자존감을 지켜주기 위해 기꺼이 고단한 길에

27

오른 부모들의 투쟁을 보여준다. 성소수자 자녀를 둔 이들은 자조모임이자 인권운동단체인 성소수자부모모임을 주축으로 집회나 기자회견에 참가한다. '내 게이 아들을 사랑한다I love my gay son'는 피켓을 만들어 퀴어 퍼레이드에 들고 나간다. 대중 앞에 얼굴을 드러내고 당당하게 자녀의 성 정체성을 밝히는 부모들은 그 존재만으로도 메시지가 된다. 호모포비아가 혐오인 줄 모르는 한국 사회에서 '남의 집 귀한 자식' 함부로 대하지 말라는 항의 정도로만 보여도 일단은 좋겠다. 차별받아 마땅한 사람은 세상에 없다는 간명한 진리가 직관적으로 이해될 수 있도록 말이다. '날 지지해주는 엄마를 사랑한다I love my supportive mom'는 아들의 자존감이 한껏 충만해졌음은 물론이다.

결국 자존감은 자유로울 수 있는 감각이다. 눈치가 빠른 것이 장점이 되는 사회에서, 차별과 배제의 선이 점점 더 많아지고 교묘해지는 현실에서 쉽게 키울 수 있는 감각이 아니다. 자존감은 그저 내 뜻대로 선택할 수 있는 권리만을 뜻하지 않는다. 자신의 선택을 실현할 수 있는 능력, 그리고 기회까지 포함한다. 내 아이의 자존감이 높아지길 바라는 것은 아이의 사기가 오르기를, 투지가 고양되기를, 무엇이 됐든 꿈을 현실로 만들 수 있는 가능성이 커지기를, 그래서 끝내 자유로워지기를 바라는 것일 테다.

마사 누스바움이 자존감 대신 '역량'이라는 말을 고안해 의미를 확장한 것도 어렴풋이 이해가 된다. 역량은 '이 사람은 무엇을 할 수 있고, 무엇이 될 수 있는가?'에 대한 다양한 대답이다. 하늘이 준 재능이 아니어도 좋다. 자기가 익히고 키워온 고유의 능력, 여기에 자신을 둘러싼 환경 속에서 기회를 골라 내가 원하는 바를 성취할 수 있는 자유, 이것이 바로 역량이다. 마사 누스바움은 각 개인의 역량을 끌어올리는 사회야말로 인간의 존엄성을 지키는 정의로운 사회라고 보았다. 또한 개인의 역량은 곧 국가의 역량으로 이어지며 그 역은 성립하지 않는다는 점도 분명히 했다.[4] 땅덩이도 좁고 석유 한 방울 안 나는 나라에서 믿을 건 인적 자원밖에 없다며 사람을 국내총생산GDP 증가 요인으로만 계산해왔던 한국 사회가 주목해야 할 대목이다.

어디 이뿐일까. 차별 없는 사회를 함께 만드는 것은 최고의 노후 대비이기도 하다. 갈수록 심해지는 노인 혐오는 노화의 흔적을 숨기고 자산으로 벽을 쌓아 안전구역 내에 숨어 있으라 종용한다. 그러나 지금보다 늙고 약해질 것이 분명한 나의 노년을 '정의로운 사회', 상대를 존중하는 타인들에게 맡길 수 있다면 나이 드는 게 그리 두렵지만은 않을 것이다. 가진 자산이 많지 않아도 내가 쌓아온 역량을 활용해 제 앞가림을 할 수 있다면, 운동하고 사회 활동을 하며 타인의 인정 속에서 존엄을 지킬 수 있다면, 그렇게 자존감이 충만한 할머니 할아버지가 된다면 더 이상 '늙은 게 죄'가 되지 않을 것이다. 나이 들었다고 차별하지 않는 사회여야 가능하다. 약하다고 선택의 기회를 박탈하지 않는 공동체에서만 그럴 수 있다. 차별을 법으로 금지하고 약자에게 더 많은 기회를 제도적으로 보장해야 할 이유가 이렇게나 많다. 아이의 자존감을 키울 비법이 실은 이렇게나 분명하다.

탐욕스러운 돌봄

캠핑장에서 열린 작은 체육대회에 참여했다. 엄마 아빠들도 참여하는 신발 멀리 던지기, 이인삼각 달리기 후에 어린이 단독 경기가 이어졌다. 코끼리 코를 열 바퀴 돌고 30미터 앞의 깃발을 먼저 뽑는 게임이었는데 우리 아이는 꼴찌를 겨우 면했다. 여덟 바퀴만 돌고 깃발을 제일 먼저 가져간 아이가 1등을 했다. 억울했지만 아이 부모와 운영진이 워낙 친한 사이로 보여 항의도 못 했다. 사전에 참여자를 정식으로 모집한 대회도 아니고 오순도순 여럿이 준비한 작은 행사의 분위기를 깨기도 애매했다. 하지만 반칙을 목격한 아이들은 이내 의기소침해졌고, 우리도 결국 대회를 포기하고 중간에 돌아왔다.

익숙한 풍경이다. 이런 게 바로 '위조된 표창장'이고 '미성년 공저자 논문' 아닌가. 남들 하는 만큼만 한다며 자식의 입시에 필요한 상장을 위조하거나 논문을 대신 써다 주는 부모들이 있다. 2022년 교육부 실태조사에 따르면 대학교수와 미성년자가 함께 논문 저자로 등재된 사례만 1,033건이다. 이 '만들어진 가짜 천재'였던 자식이 좀 더 크면 이들은 다시 아파트를 증여해 투기를 돕고, 구직 면접은 프리패스로 통과시킨다. 반면 평범한 부모를 둔 아이들은 입시 경쟁의 밑바닥을 '깔아주고', 합격 내정자가 아니었던 청년들은 탈락의 이유도 제대로 알지 못한 채 번번이 취업에 실패한다.

이런 부모들이 우리를 동료 시민이라 부르고 대선 후보에 이름이 오르내린다. 개천에서 가재나 붕어로 살아도 행복한 세상을 만들겠다며 자기 이름을 내건 정당을 만들고 시장이니 국회의원이니 대통령이니 다음 행보를 저울질한다. 적어도 세계 최저 출산율을 자기 경신하는 나라에선 정치하면 안 될 사람들이다. 돌아보면 우리 잘못도 있다. 2019년 법무부 장관 임명을 두고 온 나라가 시끌벅적했던 그 일은 조국 '사태'가 아니라 조국 '현상'이라 불렀어야 했다. 일개인의 일회적 사건이 아니기 때문이다. 판결을 두고 아직도 설왕설래하는 모양이지만 조국의 잘못은 분명하다. 자신의 경제적·사회적·문화적 자본을 이용해 자녀로 하여금 싫은 것은 피하게 하고, 귀한 것은 쉽게 얻도록 만든 부정不正/父情이다. 그동안 이런 종류의 비리가 서울 강남 등 학군지 부유층 사이에서 횡행한다는 건 공공연한 비밀이었지만, 조국은 거리낌없이 자신의 정의론을 설파하며 대중 앞에 당당히 섰다.

다른 아이들이라고 실력이 모자라서 들러리를 선 게 아니다. '부모 찬스'를 쓸 운이 없었던 것뿐이다. 정직하게 승부하고 결과에 승복하라고 가르친 부모들도 그저 어른이 마땅히 할 일을 다했다. 아빠가 법무부 장관이 아니어도, 부잣집에서 태어나지 않았어도, 장애나 질병이 있어도, 갑작스러운 사고나 재난을 겪었더라도 충분한 기회를 얻고 제 능력을 발휘할 수 있는 사회, 그래서 더 다양하고 풍요로운 사회를 만드는 것이 정치의 역할이다. 운으로 얻은 기회를 독점하고 보란 듯 그 기회를 세습하는 이들은 정치인으로서도, 어른으로서도 낙제다. 그들이 그나마 공공에 기여한 바가 있다면

이 사회가 맹신해온 공정한 경쟁이 허구였음을 확증해준 것뿐이다. 이제 사람들은 시험이라는 선발 과정이 공정하고 투명할 것이라고 더 이상 믿지 않는다. 조국의 잘못으로 피해를 본 이들은 공연히 기회를 뺏긴 20대들만이 아니다. 시민 모두가 해를 입었다.

정치가 정의正義를 바로잡기는커녕 사적으로 정의定義하기 시작하면, 정치를 불신하고 타인을 혐오하며 사이버 레커가 신상을 터는 것마저 모두 정의가 된다. 이 모든 탈선에 대안 정치라는 정당성이 부여되고, 본래의 정치는 특권적 위치에 있는 이들의 직업으로 협소화된다. 결국 이도 저도 아닌 위치의 다수 시민들은 일상의 정치에서 소외되고, 평범한 아이들은 꿈 대신 체념에 익숙해지며, 힘없는 어른들은 권위에 굴복하게 된다. 차별을 자각하지 못하는 것이 아니라 정치를 통해 차별을 바로잡을 수 있으리라는 기대를 갖지 못하므로 자신의 '분수'에 맞게 소시민의 삶을 영위하는 데만 몰두하게 된다. 정치인의 탐욕이 사회에 특히 해로운 이유가 바로 이것이다.

'탐욕스러운 결혼greedy marriage'이라는 말이 있다. 자산, 인맥, 정보 등 부부가 가진 모든 자원을 오로지 가족 안으로만 쏟고 공동체를 도외시할 때, 결혼과 공동체가 서로 충돌한다는 개념이다. 장시간의 강도 높은 근무를 요구하며 고임금을 지급하는 탐욕스러운 일자리greedy jobs처럼 탐욕스러운 결혼은 직장인이 과로하듯 오직 자신의 가족을 위해서만 시간을 쓰고 과도하게 몰입할 것을 요구한다. 이 탐욕은 대개 본인보다 후속 세대인 자녀를 향한다.

물론 누구나 탐욕을 부릴 수 있는 것은 아니다. 탐욕스러운 일자리와 결혼을 거머쥘 수 있는 이들은 따로 있다. 이들은 80 대 20의 사회에서 20에 속하는 이들이자 사회 엘리트이며 야망계급이라 불리기도 한다.[5] 어떻게 호명하든 이들을 변별하는 가장 큰 특징 중 하나는 자녀 교육에 엄청난 자원을 투여한다는 것이다. 그리고 우리가 체감할 수 있는 가장 큰 불평등이 바로 이 경계에서 생겨난다. 굴지의 재벌이나 석유왕들이 속하는 상위 1퍼센트와 달리 의사, 대학교수, 법조인, 대기업 임원, 주류 언론인 등이 속하는 20퍼센트의 중상류층은 고학력에 고소득 직종 종사자들로 구성되어 있으며, 유리한 조건으로 대출을 받아 좋은 입지의 부동산을 구매해 자산을 축적한다. 그렇게 만든 여유로 자녀 교육에 혼신의 힘을 쏟고 지위를 계승시킴으로써 불평등을 확대 재생산한다.[6] 기존의 계급 틀로 다 설명할 수 없는 이 강력한 문화 집단은 소비와 교육을 통해 자신과 자녀 세대의 사회적 득권을 강화하면서 어기에 속하지 못한 이들을 배제한다.

결혼을 통한 계급 간 이동이 빈번했던 과거와 달리 21세기 들어서는 자신과 비슷한 계층과만 결혼하는 동류 결혼assortative mating이 대세가 되었다. 실제 강남 고가 아파트 단지에서는 아파트 이름을 내건 결혼정보회사들이 성업 중이다. 비슷한 조건과 '수준'의 사람들 간에 자연스러운 만남을 주선해 한국의 저출산 문제 해결에 기여하고 싶다지만, 가입 조건 등을 고려하면 이곳에 내는 돈은 단순한 회비가 아니라 무형자산 투자로 봐야 할 것이다. 한편 청년 실업이 고착화되면서 결혼은 그 자체로 부자의 전유물이 되었다. 아동복지 정책을 확대하든 축소하든, 관련 뉴스가 보도될 때마다 가난한 부모가 아이를 낳는 것은 아동학대이자 죄악이라는 댓글이 달린다. 각 가정마저 다음 세대의 인적 자본을 재생산하는 경제 현장이 되면서 결혼과 가족은 자연히 탐욕스러운 제도가 되었고, 자녀를 위해서라면 불법과 위법도 마다하지 않는 부모의 집착이 탐욕스러운 돌봄을 배태시켰다.

더구나 이들은 결혼 상대뿐 아니라 친구나 동료, 이웃도 자기와 비슷한 사람들을 찾기 마련인데, 이 유유상종의 호모필리homophily 문화가 '그들만의 리그', 곧 특권층을 만든다. 품앗이하듯 논문 공저자에 친구 자녀의 이름을 올려주고, 아는 사람의 로펌이나 병원에서 자녀의 자원봉사 실적확인서를 발급받는다. 가장 최신의 고급 교육 정보를 독점하고 그 효력이 다할 때까지 외부와는 공유하지 않는다. 무엇보다 이 엘리트 클러스터의 가장 큰 문제는 여기 소속된 이들이 사회의 모든 구성원을 대표해 중요한 결정을 내릴 때가 많다는 것이다. 그들은 자신들을 포함한 소수의 이익에 복무하는 결정을 내리면서도 저의를 숨기기 위해 능력주의라는 연막을 친다. 본인들이 바로 교육비의 효용과 수익률, 투자 방법론을 가장 잘 아는 능력주의 엘리트이기 때문이다.

그러니 아무리 공교육의 정상화를 호소하더라도 능력주의의 자장 안에 있는 한 학교는 답이 될 수 없다. 지금의 학교야말로 아이들 간의 차이를 수직적으로 재배치해 서열화하는 능력주의의 최전선이기 때문이다. 단순히 특목고·자사고와 일반고 간 교육의 질적 격차 문제가 아니다. 얼핏 생각하기에 일반고는 자사고나 특목고와 달리 우리 사회에 보편적이고 평등한 교육 기회를 제공할 것이라 여겨진다. 그러나 현실은 다르다. 좋은 입시 결과를 낼 소수의 우등생에게 한정된 자원을 모조리 몰아주며 그렇지 못한 학생들을 버젓이 차별하는 것이 대다수 일반고의 씁쓸한 현실이다. 모두에게 평등한 기회는 도리어 특목고나 자사고 안에서 실현된다. 이들 학교는 고등학교 입시라는 자격 검증을 거치는 동안 전 구성원이 경제적·문화적 자본을 갖춘 중산층 이상이라는 내부적 동질성을 확인했기에 기회를 공정하게 분배할 수 있는 것이다.

코로나 팬데믹으로 모든 아이들이 학교에 가지 못할 때도 마찬가지였다. 특목고 등은 풍부한 자원을 갖춘 엘리트 교육기관답게 원격 등교로 적극 대처하며 학생 구성원 모두를 위한 양질의 평등한 교육을 제공했다. 반면 일반고에서는 학생과의 거리 두기로 학습의 질과 양이 모두 저하되었고, 그나마의 희소한 자원도 성적이 우수한 소수 학생에게 집중되는 경향이 더욱 심해졌다.[7] 결국 특목고를 보내든 일반고를 보내든 모든 아이는 능력주의에 포섭된다. 동질적인 환경에서 공평하게 기회를 부여받은 특목고 아이들은 자신의 의지와 노력에 따라 성적이 결정되고 순위가 매겨지는 경험을 통해 시험만능주의를 내면화한다. 일반고 아이들은 불평등을 몸소 겪으면서도 자신이 다니는 고등학교의 수준이나 집안의 경제적 격차를 바꿀 수 없다는 걸 알기에 차별을 불가피한 것으로 받아들이게 된다. 그러니 부모들은 아이를 어떻게든 특목고로 진학시키거나, 일반고에서 최상위권 성적을 유지하도록 아이에게 최대한의 자원을 투입한다. 탐욕스러운 돌봄이 부모의 의무가 된다.

여기서 끝이 아니다. 좋은 대학에 진학하더라도 좋은 일자리를 얻는 것은 또 다른 문제다. 유수의 대기업이나 외국계 회사들이 무급 인턴십 제도를 당연하다는 듯 운영하는 것만 봐도 알 수 있다. 명문 대학 졸업생들 중에서도 길어지는 취업 준비 기간을 수월하게 감당할 수 있고, 무급으로도 몇 달간 기꺼이 일할 수 있는 이들만이 적정 시간을 일하고 원할 때 휴가를 쓸 수 있으며, 해고 위험 없이 높은 급여에 직업적 성취감까지 얻을 수 있는 좋은 일자리를 얻는다. 그리고 비로소 부모처럼 중상류층 이상의 지위를 획득한다. 하지만 그렇게 오랜 기간 자녀를 지원할 수 있는 부모가 얼마나 될까. 무엇보다 그렇게 끝없는 돌봄 경쟁을 언제까지 지속할 수 있을까.

25년 경력의 교사 강지나는 빈곤 가정에서 나고 자란 아이들이 그토록 현실을 벗어나고 싶어하면서도 벗어나지 못하는 원인 중 하나가 지금의 학교에 있다고 봤다. 빈곤층 청소년들은 학교 말고는 제대로 된 교육을 받을 기회 자체가 없다. 그러나 사교육의 테스트베드가 된 지 오래인 학교에서 이들이 살아남기란 사실상 불가능하다. 결국 부모와 선생에게 등 떠밀려 특성화고등학교에 진학하지만 여기서는 공부는커녕 진로를 제대로 탐색하기도 어렵다. 다 그렇지는 않겠으나 특성화고는 여전히 대학 갈 애들을 위해 "'양아치'를 한 번 걸러내는 곳"으로 기능한다는 것이다. 무엇 하나 제대로 익히지 못하고 사회로 나온 아이들은 '스펙'이 안 되니 저소득의 불안정한 일자리를 전전하게 된다.[8]

이런 식이라면 학교 교육은 일종의 토큰에 불과하다. 토큰은 거래의 증거일 뿐 화폐는 될 수 없다. 그 자체로 가치를 지니지 못한다. 학교라는 토큰은 무엇에 대한 형식적 증거로 기능하는가. 꿈이다. 모든 아이들에게 공정한 교육 기회를 제공한다는 보편교육은 이제 그 형식만 남아 아이들이 자신의 꿈을 실현하는 데 사실상 기여하지 못한다. 장학금 제도를 운용하고 입시 제도에 지역 균형 전형, 사회적 배려자 선발을 포함시킨다 한들 탐욕스러운 돌봄의 알리바이로 쓰이는 경우가 더 많다. 아주 간혹 개천에서 나온 용이 능력주의를 더 공고하게 만들듯 말이다.

더 이상 사회적 이동이 불가능한 시대라고들 한다. 계급 상승의 사다리가 끊겼다고 한다. 그러나 사다리는 사라진 것이 아니다. 끊임없이 이동할 뿐이다. 빈곤층이 눈물 나게 노력해 어느 위치에 도달했을 때, 그곳은 이미 예전만큼의 위상과 가치를 갖지 못한다. 자신들의 지위를 유지하려는 특정한 사회집단이 격차를 그대로 남겨두기 위해 자리를 옮겨가며 차이를 재생산하기 때문이다.[9] 승천하려고 개천을 벗어났더니 또 다른 울타리에 가로막힌 격이다. 탐욕스러운 돌봄이 이 사회를 단순화시킨다. 개천이냐 아니냐만 따질 뿐 가재, 게, 붕장어 간의 차이는 하나도 중요하지 않은 평면적 사회로 전락시킨다. 그렇게 다양성을 하나씩 제거하는 방식으로 영토를 구획한 이들은 울타리를 친 뒤 그 안에서 지대를 추구한다. 문자 그대로 울타리가 돌봄과 방임의 경계가 된다.

인생을 살면서 누구나 최소 두 번은 돌봄이 필요하다. 인간이기에 자연히 취약할 수밖에 없는 두 시기, 적어도 미성년과 노년의 삶만큼은 차별 없이 보호받아야 한다. 그런데 이 시대의 탐욕스러운 돌봄은 이마저도 난도질해 등급을 나누고 값을 매긴다. 부끄러운 줄 모르는 소수의 탐욕 앞에서 사랑은 무방비하다. 기어이 가족까지 자본으로 만드는 탐욕스러운 돌봄을 목격하면 경제적 쓸모를 낼 수 없는 이들은 한없이 무력해진다. 그렇게 아이는 포기하는 법을 배우고, 노인은 체념에 익숙해진다. 돈이 없어 외주조차 맡기지 못하는 고단한 돌봄을 둘러싸고 부모와 자식 모두 제가 못난 탓이라 자책한다. 서로에게 짐이 될까 싶어 고립을 자처한다.

사랑이 경제로 환원되면서 발생한 돌봄의 양극화는 가

장 가까운 사람을 원망하게 만들고, 삶을 스스로 평가절하
하게 만든다는 점에서 더욱 잔인하다. 사실상 반反돌봄이다.
진정한 돌봄은 가족 안에 갇히지 않는다. 가족에게만 떠맡길
일도 아니다. 도움이 필요한 이 누구에게나 손을 내밀어 결
국 모든 사람을 환대하는 공동체의 원리가 돌봄이다. 우리
의 탐욕은 안이 아닌 밖을 향해야 한다. 내 아이나 부모의 돌
봄만이 아니라 빈곤층 돌봄, 노동자 돌봄, 장애인 돌봄, 자
연 돌봄으로 돌봄의 대상을 확대할 때, '모두가 함께 돌봄이
가능한 삶'[10]을 꾸릴 수 있다.

말로 배우는 말

아이가 아직 한글을 깨치기 전, 한동안 아이를 기만한 적 있다. 당시 아파트 상가 앞에는 500원을 넣으면 음악이 나오면서 움직이는 흔들목마가 있었는데 "차지 마세요"라고 종이에 써붙인 글씨를 "고장 났어요"라고 속여 넘긴 것이다. 좀처럼 고쳐지지 않는 흔들목마를 보며 아이는 번번이 애석해했지만 그도 잠시, 아이가 글을 읽게 되면서 더 이상 정보를 독점하거나 왜곡할 수 없게 되었다. 뙤약볕 아래서 말을 타겠다는 아이와 입씨름을 벌일 때마다 중세 가톨릭 교회의 사제들이 오랫동안 라틴어로만 성경을 보급했던 이유를 실감하곤 했다.

부모는 아이를 키우며 언어의 중요성을 새삼 깨닫는다. 자고 일어나면 키가 크듯 하루하루 두꺼워지는 아이의 단어집을 보며 "내 언어의 한계가 내 세계의 한계"라는 비트겐슈타인의 통찰에 동조하게 된다. 아이는 새로 배운 단어를 직접 말하고 써본 후에야 제 것으로 만든다. 서툴고 어색할 수밖에 없다. 내 아이 역시 '전자'와 '후자'라는 단어를 처음 배우고는 그 말을 쓰고 싶어 한동안 안달이었다. 지시대명사가 필요한 모든 상황은 물론 굳이 필요하지 않을 때조차 전자 혹은 후자라고 하는 통에 "뭐 시킬까? 떡볶이? 라볶이?", "난 전자" 같은 어색한 상황이 반복됐지만 딱히 틀렸다고 할 만한 것은 아니었으므로 의도된 남용을 막지 않았다. 아이의 말은 곧 제자리를 찾았고, 다른 한자어가 오용되기 시작했다. 아이의 어휘 수준이 한 단계 도약했다고 느꼈던 것도 마침 그즈음이다.

외국어와 달리 모국어는 독학할 수 없다. 부모를 비롯한 주위 사람들과의 소통을 통해 처음 입을 떼고, 끊임없이 교정과 자습을 반복한다. 그래서 부모의 기대와 달리 욕이나 비속어로부터 아이를 완전히 분리하는 것 또한 사실상 불가능하다. 아이가 인간人間으로서, 즉 사람 사이에서 사는 한, 욕하지 못하게 강제할 수는 있어도 욕을 듣거나 보지 못하게까지 할 방법은 없다. 이렇듯 아이가 자라며 말을 배우고 글을 깨치는 것은 자연스러운 인지 발달을 넘어 자신의 세계를 점차 확장하는 일이다. 언어를 통해 습득하는 지식의 총량이 늘어날 뿐 아니라 상호 소통으로 나의 내면에 타인의 감정과 생각이 틈입하기 때문이다. 그래서 문맹의 상태를 벗어나는 것은 단순히 계몽이나 교육의 성과에만 그치지 않고 개인이 세계에 들어설 자격을 부여하는 의례와 같다.

그러나 같은 세계를 산다고 모두가 같은 언어를 쓰는 것은 아니다. 미국의 능력주의 풍조를 비판한 대니얼 마코비츠의 《엘리트 세습》에 따르면 부모의 소득과 지식 수준에 따라 자녀가 배우는 언어의 질은 현저한 차이를 보인다. 전문직 부모의 세 살배기 아이는 비전문직 부모의 또래 아이보다 단어를 2,000만 개 더 많이 접하고, 아는 단어도 49퍼센트나 더 많다. 엘리트 직군의 부모는 자녀와 더 많은 시간을 보내며 대화할 뿐 아니라 보다 교육적인 단어를 선택하고 단어에 따르는 관습과 상징까지 자녀에게 알려주기 때문이다.[11]

한국이라고 상황이 다르지 않을 것이다. 아이들이 구축하는 말의 세계는 각자의 조건에 따라 너비와 깊이가 차이 날 것이며, 결국 그 크기 안에서만 꿈을 꾸게 될 것이다.

고급 식재료의 명칭이나 외국 예술가의 이름을 모르는 게 문제가 되지는 않는다. 내가 걱정하는 것은 가난한 환경에서 자란 아이들이 일상에서 한 번도 듣거나 말하지 못하고 오로지 글로만 배운 어떤 단어들의 무의미함이다. 영국의 노동계급 출신 작가 대런 맥가비는 어린 시절 슬럼가의 또래들 앞에서 '아름답다'라는 말을 썼을 때 받았던 놀림을 생생히 기억한다. 잘사는 동네의 아이들이 '내가 항상 머릿속으로 생각하면서도 입 밖에 내지는 못하던 단어들'을 거리낌없이 사용하며 지나가는 모습에 한껏 위축된 적도 있다. 결국 그 소년은 존엄성이란 '있는 사람들'한테나 해당되는 말이라며 세계 속에 자신의 존재를 기입하길 포기하고 만다.[12]

아름답다, 숭고하다, 존엄성, 사랑……. 어떤 단어들은 늘 배운 것 이상을 의미한다. 혹은 하나의 단어가 세상에 여러 형태를 띠고 존재하기에 글만으로는 도저히 이해하기 어려울 때도 있다. 비트겐슈타인은 "언어를 상상하는 것은 삶의 형태를 상상하는 것"이라고도 했다. 사전에 등재되어 있고, 인쇄되어 두루 쓰인다고 다 나의 말은 아니다. 아는 말일지언정 내가 쓰는 말은 아니다. 진짜 나의 말은 "소리 내 말해지고 누군가에게 무언가를 의미하는 것"[13]이다. 세상의 모든 아이들이 언어를 배울 때, 더 크고 두꺼운 자신의 말 사전을 갖기를 바란다. 글이 아닌 말로 풍부하고 다양한 단어를 직접 접해보기를 바란다. 명사와 동사만 주로 쓰이는 생활의 언어 말고도 형용사나 부사의 용례를 직접 감각하고, 추상적인 낱말을 경험으로 이해하며, 유의어 간의 미묘한 차이를 구분해 가장 적합한 단어를 고를 수 있는 환경이 누구에게나 주어지면 좋겠다.

헝가리 출신의 작가 아고타 크리스토프는 스위스로 망명한 후 졸지에 문맹이 됐을 때의 경험을 사막에 비유했다. 모두가 자신에게 웃어주고 친절하게 말을 걸지만 그들의 말을 아무것도 이해하지 못하고 오로지 생존을 위해 버티는 일상은 사회적 사막, 문화적 사막에 불과하다는 것이다.[14] 아름답다고 느끼지만 아름답다고 소리 내 말하지 못하는 환경은 사막이다. 아는 단어를 죄다 글로만 배운 사람이라면 그 또한 사막을 지나는 이다. 더구나 이 고행은 가난과 함께 대물림되기 마련이다. 이 불모의 토지에서는 씨를 뿌려도 초목이 자라지 않고, 희망을 품어봤자 신기루에 그치고 만다. 같은 세계를 사는 시민이자 어른으로서 우리에게는 사막화를 믹을 책임이 있다.

아이에게 최초의 화자이자 청자일 부모의 말도 무엇보다 중요하지만, 개별 가정이 다 책임질 수 있는 문제만은 아니다. 가난한다는 이유로 아이들이 앙상하고 빈약한 세계를 물려받지 않도록 공적 영역의 말과 글은 더욱 섬세해야 한다. 공동체 안의 누구도 소외되거나 배제되지 않도록 가치중립적인 말이 장려되어야 한다. 스웨덴에는 플뤼그스캄flygskam이라는 말이 있다. 비행기flyg와 수치심skam이 결합되어 만들어진 신조어인데 막대한 양의 탄소를 배출하는 비행기 여행의 부끄러움을 뜻한다. 반대로 기차 여행의 자부심을 뜻하는 토그스크뤼트tågskryt라는 말도 있다. 이런 단어들이 새롭게 만들어져 널리 쓰이는 사회와 그렇지 않은 사회가 기후 위기를 대하는 자세는 필연적으로 다를 수밖에 없다. 더불어 본래의 의미를 왜곡하는 훼손된 말이나 차별의 언어들은 사회적 합의에 따라 사어가 되어야 할 것이다. 혐오의 시대, 언어의 사회성이 보다 적극적으로 발현될 필요가 있다. 새롭게 합의되고 갱신된 기호로서의 언어를 모르거나 외면하는 문맹의 상태는 필시 야만으로 이어진다.

루스 렌들의 소설 《활자잔혹극》은 "유니스 파치먼이 커버데일 일가를 살해한 까닭은, 읽을 줄도 쓸 줄도 몰랐기 때문이다"라는 강렬한 문장으로 시작한다. 가정부 유니스는 자신이 문맹이라는 사실을 필사적으로 숨겨오다 발각되자 근무하던 집의 일가족을 몰살한다. 고작 부끄러움 때문만이 아니다. 서평을 쓴 소설가 장정일은 "활자는 나와 타인, 나와 사회, 나와 세계를 연결하는 가장 널찍한 길이고 창"인데 이 통로가 막히면 무지가 문제가 아니라 타인의 감정을 읽지 못해 '도덕적 문맹'이 된다고 했다.[15] 문맹이 폭력으로 연결되는 실마리를 공감 능력에서 찾은 것이다. 극적인 창작물에서만 볼 수 있는 상황이 아니다. 지난 21대 대선후보 3차 TV 토론회에서도 여성을 혐오하는 아주 몹쓸 말을 들었다. 대통령 후보는커녕 시민의 자격도 없는 이가 말 폭탄으로 본인의 몰락을 자초한 것이야 자업자득이겠으나, 이 세계에 가해진 폭격은 대체 어떻게 수습할 것인가. 이런 자들이야말로 타인과의 소통을 거부하는 자발적 문맹이라 할 것이다.

49

엄마, 왜 나를 안 봐

'디맨딩demanding'이란 단어는 분명 아이를 보다 생겨났을 것이다. 샤이shy한 아이든, 어도러블adorable한 아이든, 와이니whiny한 아이든 모든 아이는 디맨딩하다. 이기적인 요구가 끝이 없다. 지금껏 보드게임 여러 번에, 목소리까지 바꿔가며 역할극도 했는데 쉴 틈도 주지 않고 "나랑 놀이터 갈래?" 하는 식이다. 그 요구는 패턴이나 규칙이 없는 마구잡이이고, 스스로 한계나 제약을 걸지 않는다는 점에서 무차별적이다. 애초에 상대를 고려하거나 예의를 차린다면 아이가 아니다. 그러므로 부탁이나 제안에 따르는 관례가 없다. 오직 어린아이만 누릴 수 있는 권리에 가깝다.

타인에게 피해를 주지 않고 아이의 컨디션이 허락하다면 대개 허용하는 편이다. 그러나 나 또한 내 사정이 있는 만큼 아이의 요구를 전부 들어줄 수는 없다. 아무리 노력해도 도저히 들뜬 기분을 연출할 수 없을 때, 지나치게 에너지를 많이 소모하는 신체 활동일 때 보통 거절하고 싶어진다. 내적 갈등이 시작되는 순간이다. 아이의 눈을 피해 내 안에만 숨겨둔 좁은 방 안에서 여러 목소리가 아웅다웅한다. 나의 피해를 감수하면서까지 아이의 요구를 즉각 들어주는 것이 맞을지, 일단은 거절하고 에너지를 다시 비축하는 것이 좋을지, 혹은 시간이 지나도 들어줄 뜻이 없음을 밝히고 아이의 기대를 완전히 단념시키는 것이 좋을지 고민을 거듭한다.

나의 체력과 시간을 저울질하는 것이 아니다. 지나치게 자주 거절당한 경험 때문에 아이가 친구들 사이에서 위축되지는 않을지, 가장 편하고 가까운 사이인 엄마에게도 눈치를 보게 되는 건 아닐지 매 선택의 순간이 조심스럽다. 한편으로는 무엇이든 다 들어주다가, 소위 지나치게 허용적인 태도를 보임으로써 아이가 천방지축이 되지는 않을지 염려한다. 건성으로라도 바로 대꾸하는 것과 일단 숨을 돌린 후 적당히 응수하는 것, 또 내가 충분히 준비한 후 응답의 질을 최대한 올리는 것 중 무엇이 가장 좋을지에 대한 확신이 없다. 정답이 없는 문제가 대체로 그렇듯 내 답을 찾는 데는 늘 시간이 걸린다.

아이와 엄마의 기질을 기준으로 양육법을 4분면 매트릭스로 구분하고 각 프로토콜에 따라 대응할 수 있으면 얼마나 좋을까. 하지만 사람과 사람 사이의 관계가 그리 단순할 리 없다. 게다가 아이를 둘러싼 환경은 끊임없이 변화하고 예상치 못한 변수가 수시로 돌발한다. 우리는 부모가 줄곧 아이를 관찰한다고 생각하지만 아이도 부모를 관찰한다. 특히 아이 곁에서 가장 많은 시간을 보내는 이, 주로 엄마는 관찰의 주체인 동시에 대상이다. 존 버거가 통찰했던, 여성을 향한 바로 그 시선의 문제가 아이와 엄마 사이의 관계에도 동일하게 적용된다.

존 버거는 남성에게 관찰되고 있는 자신을 다시 관찰하는 여성의 분열된 의식을 지적한 바 있다. 남성은 여성을 바라다보는데 여성은 바라다보이는 자신을 쳐다봄으로써 스스로를 대상화한다는 것이다.[16] 마찬가지다. 아이의 천진한

53

눈은 엄마를 단순하게 바라보지만 엄마는 늘 자신의 모든 것을 관찰하고 이도 모자라 자신이 무엇을 더 할 수 있는가를 생각한다. 자신이 아이에게 어떻게 비칠 것인가 하는 문제가 엄마로서의 삶의 성공 여부를 결정짓는 핵심 근거이기 때문이다. 최초의 '이상적인 관람자'였던 내 아이의 시선은 이내 가족이라는 더 큰 프레임으로 확장되며, 다시 지역공동체로, 사회로 복제를 거듭해나가는 가부장제의 미장아빔mise en abyme: 두 개의 거울을 마주 보게 했을 때 끝없이 반복되어 맺히는 이미지처럼 전체의 모습이 축소·반복되는 구조이 된다.

이야기 안에 이야기를 가두는 그 프레임을 깨거나 어두운 극장을 나와야 비로소 현실이 보인다. 다른 방식으로 보아야 객관의 허울을 걷고 대상의 숨겨진 의미와 본질을 파악할 수 있다. 아이를 대하는 모든 문제에 대한 답은 엄마 뜻대로다. 더 정확히는 엄마의 기질대로다. 아이를 잘 키우려면 내 아이의 기질을 우선 이해하고 그 고유의 특질에 맞춰야 한다는데, 엄마도 기질이 있다. 게다가 어른이라 후천적으로 형성한 자신만의 성향도 있다. 엄마가 아이의 기질을 서서히 파악해가듯 아이도 엄마에게 맞춰간다. 사실 아이는 엄마에게 말을 거는 순간, 엄마의 표정만 보고도 결과를 예상한다. 엄마를 오래 관찰해온 덕분이다.

언제부턴가 집에서 내 별명은 '아마따 씨'가 되었는데, 아이의 요청에 일단 나중에 하자 둘러대고는 금세 잊어버리는 일이 워낙 많았기 때문이다. 아이는 이런 일에 익숙하다는 듯 자신의 요구를 환기시키고, 나는 습관대로 "아, 맞다!" 하며 들어준다. 아이에게 중요한 것은 그 행위뿐 아니라 그것을 상대와 '같이' 하는 데 있다. 그래서 아이는 기다린다. 지금 혼자 하는 것보다 나중에 엄마랑 같이 하는 것이 더 좋기 때문이다. 늦은 응답이었지만 나는 숨을 돌렸고, 아이는 원하는 것을 얻어 둘 다 만족했으니 결과적으로 성공이다.

더구나 기질은 바꿀 수 없다. 아이의 기질을 바꿀 수 없듯 내 것도 그럴 것이다. 다만 잘 관리할 수는 있겠다. 가령 나는 성급하고 아이는 느긋하다. 그래서 늘 아이가 나를 기다린다. 정도가 지나칠 때도 있다. 어느 추운 날, 아이 영어 학원이 끝나면 저녁으로 같이 떡볶이를 먹기로 했다. 아이 걸음으로는 10분, 차로는 5분도 채 걸리지 않는 가까운 거리지만 날도 춥고 떡볶이 메뉴도 같이 골라야 하니 하원 시간에 맞춰 차로 데리러 가겠다고 했다. 생각해보니 우리는 약속 장소를 정확하게 합의하지 않았고, 그날따라 아이는 휴대폰을 집에 두고 나갔다. 내가 서둘러야겠다 싶었다. 수업이 끝나기도 전에 도착해 지하 주차장에 차를 세워두고 5층 학원 문 앞에서 아이가 나오길 기다렸다. 10분가량 지났는데도 나오지 않길래 안으로 들어가 물어보니 아이는 진작에 나갔다고 했다. 수업이 평소보다 일찍 끝나 내가 도착하기 직전에 먼저 나간 것이다. 바로 들어가서 확인했어야 하는데 찰나에 길이 엇갈렸다. 아이는 벌써 집에 도착했을 터였다. 엄마의 부재에 실망했을 아이가 마음에 걸려 날아갈 듯 빠르

55

게 운전해 돌아갔다. 그런데 집엔 아무도 없었다. 아직 오는 길인가 싶어 계속 기다리는데 감감무소식이다. 또 길이 엇갈릴까 봐 다시 나가지도 못하고 안절부절 속만 태웠다. 평소에는 종일 휴대폰만 붙들고 있더니 오늘은 왜 두고 갔냐며 공연히 아이를 원망하기도 했다.

아이는 30분이 지나고서야 돌아왔다. 이미 얼굴은 눈물 콧물 범벅이었는데 현관에서 나를 마주치자마자 다시 울음을 터트렸다. 얼마나 서러운지 열 살 아이가 세 살배기처럼 울었다. "엄마, 왜 나를 안 봐, 왜 나를 한 번도 안 봤어?" 무슨 말인가 했다. 알고 보니 아이는 학원 건물 1층 반찬가게 앞에서 계속 나를 기다렸다고 했다. 원래 그런 거라고, 그 학원뿐 아니라 그 건물을 드나드는 아이들은 전부 반찬가게 앞에서 누군가를 만난다고 했다. 나만 그 관행을 몰랐다. 반찬가게 앞에서는 주차장 출입구가 훤히 보인다. 그래서 아이는 나를 두 번 봤다고 했다. 내 차가 들어갈 때와 나올 때. 주차장을 드나드는 운전자의 시야에도 당연히 반찬가게가 보인다. 그런데도 나는 아이를 못 봤다. 아이는 집으로 향하는 내 차 뒤꽁무니를 쫓아갔지만 엄마가 뒤도 돌아보지 않고 가버리니 당황했던 모양이다. 하지만 엄마가 다시 올 것이라 생각하고 반찬가게 앞으로 돌아가 계속 기다렸다고 했다. 왜냐하면 오늘은 만나서 '같이' 집에 가기로 했으니까. 그런데 나는 다시 돌아가지 않았다. 왜냐하면 떡볶이를 '얼른' 먹는 게 더 중요하니까. 학원 전화도 빌려 쓰지 못한 아이의 융통성 문제가 아니다. 엄마가 잘못했다는 아이 말이 다 맞다. 나는 아이를 한 번도 안 봤다.

내가 바라보지 않는 한 아이는 언제나 기다려야 한다. 기다리지 않으면 마땅히 받아야 할 것들도 받지 못한다. 한참이나 기다려서 받은, 간식이든 관심이든 칭찬이든 원래 그의 것이었어야 할 무엇은 연착된 시간만큼이나 유효함이 떨어지고 결국 제값의 효용을 얻지 못한다. 그런데도 아이를 너무 오래, 또 너무 자주 기다리게 만들었다. 하루 종일 아이를 '본다'면서도 정작 아이를 보지 못하고 아이가 바라보는 나를 보는 데만 급급했던 탓이다. 아이의 끝없는 요구에 지치지 않고 응답하는 법은 의외로 단순했다. 내 기질대로 하고 내 마음을 따르되 내가 아닌 아이를 투명하게 보는 것이다. 세상의 시선에 신경 쓰지 말고 우리 둘의 세계에 집중하는 것이다. 그 답을 아주 긴 시간을 들여서야 알았다. 아이의 요구에 좀 늦게 대답해도, 때로는 대답이 정확하지 않아도 좋다. 아이가 마냥 기다리더라도 아이를 줄곧 바라보기만 한다면, 그래서 아이가 그 시간을 기꺼이 견딜 수 있다면 충분한 대답response이 된다. 그것이 바로 엄마가 아이에게 가져야 할 책임responsibility일 것이다.

2부

아이 방 밖의 세계

의대라는 성역

의사가 꿈이라는 사람들의 말을 근래 참 자주 들었다. 유례없이 길었던 의정 갈등의 매 국면마다 대통령, 총리, 양당 대표 등 주요 정책 결정권자들 모두가 그들의 말을 경청하겠다고 나섰다. 미디어도 앞다퉈 보도했다. 이미 엄청난 특권이다. 세종호텔 해고 노동자들은 1,000일이 넘게 길거리에서 천막 농성을 해왔지만 그들의 발언은 여전히 주목받지 못한다. 의사가 되겠다던 이들 중 가장 솔직했던 사람은 한 시사 프로그램에서 인터뷰한 초등학교 4학년 학생이었다. 왜 의사가 되고 싶냐는 질문에 아이는 "돈이 최고니까요. 돈 때문에"라고 대답했다.

진료를 거부한 전공의와 학교를 떠난 의대생들은 시종일관 비타협적이었다. 정부가 추진한 필수의료 패키지와 의대 정원 확대를 철회하기 전까지 복귀는 없다며 강경하게 대치했다. 그러나 바로 이 필수의료 패키지야말로 그동안 전공의들이 요구했던 내용을 매우 알차게 담고 있다. 소아 맹장 수술의 수가를 다섯 배 올리는 등 필수 진료과의 의료수가를 대폭 인상하고 지역수가도 도입했으며, 전공의의 연속 근무시간은 제한했다. 또 의료사고처리특례법을 제정해 고의가 아닌 의료사고에 대한 의료인의 처벌을 크게 완화하겠다고도 했다. 그런데도 이들은 왜 필수의료 패키지를 문제 삼을까. 결국 정부 정책의 핵심인 의대 정원 확대가 싫은 것이다. 비급여 진료를 제한하거나 피부 시술 등을 다른 직역에 차츰 개방하겠다는 내용도 탐탁지 않았을 것이다. 물론 정부의 추진 과정이 대단히 졸속이었지만 그 대응도 거칠기는 마찬가지였다. 정말 문제를 해결하고 싶었다면 요구안을 구체적으로 밝히고 타협의 여지도 열어뒀어야 했다. 적어도 솔직했어야 했다.

나부터 솔직하자면 의정 갈등을 지켜보는 내내 이랬다 저랬다 마음이 보통 복잡한 것이 아니었다. 몇 년 전 급성림프모구성백혈병을 진단받았던 아이는 3년 가까이 대형병원에서 집중적인 치료를 받았다. 아이가 다녔던 소아암센터는 의과대학과 연계되어 있지 않아 다른 대학병원의 전공의 선생님들이 주기적으로 순환근무를 했는데, 이렇게는 일 못 하겠다고 생떼 부리는 의사는 그 많은 사람 중에 정말이지 단한 명도 없었다. 오히려 의학 드라마에나 나올 법한 휴머니스트들을 더 자주 만났다. 아이가 유난히 우울했던 날이었다. 아침부터 굵은 주삿바늘을 여기저기 찔러대는 통에 완전히 풀이 죽은 아이가 종일 양파링을 찾았다. 얼른 병원 매점으로 달려갔지만 하필 양파링이 없었고(그렇게 희귀한 과자가 아닐 텐데!) 이 비보에 아이는 급기야 울음을 터트렸다. 마침 아이 곁에 있던 전공의 선생님도 양파링이 왜 없지 하며 아이를 함께 달랬다. 그리고 이틀 후, 선생님이 아이를 다시 찾았다. 손에 양파링을 들고. 36시간 연속 근무를 마치고 밀린 잠만 자다 겨우 나왔을 텐데 그 와중에 양파링을 사 들고 출근한 것이다. 눈물이 핑 돌 정도로 고마웠지만 심성이 도통 너그럽지 못한 나는 속으로 '아이고, 선생님, 이렇게 착해서야 어떻게 지대 추구를 해요' 했었다.

돌아보면 레지던트, 인턴 할 것 없이 젊은 의사 선생님들은 다 그랬다. 아이들에게 어질고 착했으며 너무 헌신적이었고 그래서 바빴다. 치료가 완전히 종결된 지금, 사람들이 가끔 아이에게 병원에서의 시간이 어땠냐고 묻는다. 혹여 상처를 건드릴까 싶어 묻는 어른은 한껏 조심스운데 아이는 초등학생답게 "꽤괜!" 하고 만다. 병원에서 보낸 아이의 시간이 꽤 괜찮았던 데에는 현실판 '슬기로운 의사'들의 공이 컸다. 그래서 나는 뉴스 속의 의사 집단과 내가 아는 한 명 한 명의 의사 얼굴을 도무지 일치시킬 수가 없다. 소아청소년과 의사들의 과로와 고충을 잘 모르기는커녕 그들의 건강이 걱정될 정도로 현장을 자주 목격해왔다. 전공의를 착취해야만 겨우 굴러가는 상급병원을 비롯한 현 의료 시스템을 구조적으로 개선해야 한다는 면에서는 전공의의 파업을 지지한다.

맞다. 의사들도 파업을 해야 한다. 혁명의 나라, 파업의 본고장 프랑스에서는 의사들이 자주 파업에 나선다. 한국보다 파업 일수가 무려 네 배나 많은 나라답게 의사들도 자신의 노동에 대해 스스럼없이 권리를 주장한다. 부러운 환경이다. 2019년 프랑스 의사들은 응급실의 과부하를 해소하고 근무 환경을 개선할 것을 요구했다. 응급실 의료진들이 대거 사직서를 제출하고 전국의 병원에서 파업을 감행했다. 이에 정부는 의료 예산 증액과 응급실 의료 인력 충원 계획을 발표했다. 2023년의 파업은 개업 의사들 중심이었다. 진료비가 너무 낮은 데다 의사들이 부족해 지방의 의료 공백이 심화되고, 행정 업무까지 과중해 일선 의사들의 부담이 지나치다는 이유였다. 정부가 의사들에게 공공의료 시스템에 기여할 것을 지나치게 강제한다는 점도 불만을 가중시켰다. 정부는 진료비 인상안을 제시했지만 그 폭이 너무 작아 갈등은 여전히 계속되고 있다.

프랑스 의사 파업에서 드러난 공공의료 시스템의 붕괴, 그리고 의사의 과로와 부담 가중이라는 핵심 쟁점은 한국과 크게 다르지 않다. 독일, 영국, 스페인, 미국 등 다른 나라도 유사하게 겪고 있는 문제이기도 하다. 부족한 의료 재원을 확충하기 위해 세금을 올릴 것인지, 국가의 재정을 투입할 것인지는 논외로 하더라도 의료 인력의 업무 부하는 인력이 확충되지 않는 한 해결이 어렵다. 서비스 제공자인 의사 본인뿐 아니라 수혜자인 국민들을 위해서도 응당 필요한 수순이다. 그래서 다른 나라의 의사들은 신규 의사 채용을 늘려달라고 한다. 오직 한국의 의사들만 지금도 의사가 많다고 한다. 의대 정원 확대는 절대 안 되며 공공 의대 설립도 불가하다고 한다. 새로 늘어난 정원에 맞춰 입학한 2025년도 의대 신입생들조차 인정할 수 없다는 이들도 있다. 의사·의대생 전용 커뮤니티인 '메디스태프'에 불붙은 여론은 그 도화선이 의사 정원 확대에 있음을 분명히 보여준다. '25학번과 섞이고 싶지 않다'거나 '25학번은 의사 망하라고 설치한 폭탄'같이 느껴져 '존재 자체로 좀 역겹다'는 댓글[17]은 분노를 못 이겨 사회와 개인의 관계를 넓은 시야로 바라보지 못하는 감정적 반응이다.

보다 못한 선생들이 나섰다. 일부 대학병원 교수들이 전공의와 의대생들에게 특권의식을 버리라고 간곡히 당부했다. 12시간 넘게 서서 일하는 생산·서비스직 노동자나 월 100만 원도 벌지 못하는 다수 자영업자를 언급하며 이들의 삶을 알고 있냐고도 물었다. 전공의들의 가혹한 노동환경과 착취 구조를 논하기 전에 타인의 삶도 들여다보자고 말이다.[18] 그러나 이 젊은 예비 의사들은 이미 잘 알고 있다. 비非의사의 삶이 얼마나 불안하고 위험에 노출되어 있는지, 자신들과 달리 의대에 오지 '못한' 절대다수의 벌이가 얼마나 소박한지, 다른 직종, 심지어 같은 보건의료 직군 내에서도 다른 직역의 일이 얼마나 쉽게 대체될 수 있는지 누구보다 잘 안다. 젊은 의사들의 패닉은 한국 노동시장의 불안정성이 초래한 공포다. 한국 사회는 공부 못하면 인생은 끝이라고 아주 오랫동안 학습시켜왔다. 실제 첫 직장이 중소기업이었던 대졸자가 2년 뒤 대기업 정규직으로 상향 이동한 비율은 고작 7.5퍼센트에 불과하다. 10명 중 6명은 직장을 두 번 옮겨도 더 좋은 직장으로 가는 데 실패한다.[19] 그렇게 되지 않으려고 처음부터 대기업이나 공기업에 들어가려 모두들 안간힘을 쓴다. 또 그렇게 되지 않으려고 공부 좀 한다는 학생들은 의대에 가기 위해 N수를 감행한다.

이렇게 어렵사리 얻은 귀한 의사 면허인데 의대 정원 확대나 공공 의대 설립 같은 국가의 개입이 달가울 리 없다. 부당하게까지 느껴진다. '의사 못살게 만들겠다고' 하는 정부와 사회의 탄압이고 '의사의 악마화'다. 그러나 그동안 국가가 의사 면허 수를 제한하고 의사에게 그에 상응하는 보상을 허용해온 것은 그들이 선택받은 소수, 자격 있는 최상위 엘리트여서가 아니다. 의료 서비스가 국민에게 꼭 필요한 서비스이며, 대체 불가능한 의사 집단만이 국민의 건강을 관리하고 책임질 수 있기 때문이다. 국민을 대리하여 국가가 특권을 보장해준 셈이다. 비급여 의료 행위를 포함해 고유 업무에 상당한 자율성도 부여했다. 그렇다면 의사도 국민의 이익에 충실해야 한다. 국가가 부여한 특권에는 집착하면서 정부의 개입을 무조건적으로 거부하는 것은 이율배반이다. 갱신도 필요 없는 면허를 한 번 취득한 후 일평생에 걸쳐 얻는 모든 이익와 편의가 합당하려면 의사 역시 국민의 보편 이익을 증진하는 데 기여해야 한다. 의사의 행위가 최소한 환자에게 해는 끼치면 안 된다는 '노 함no harm' 원칙을 더 적극적으로 해석해야 한다는 것이다.

5년 전에도 우리는 같은 풍경을 목격했다. 의사와 예비의사들이 의대 정원 확대, 공공 의대 설립에 반대하며 집단휴진에 나섰다. 당시 대한전공의협의회 비대위원장은 "과정의 공정성 따위는 안중에도 없는 정부에 맞서, 저희는 의사가 아니라 대한민국의 청년들로서 모든 청년들과 함께 연대"하겠다고 선언했다. 그러나 연대는 자신의 우산을 내밀며 기꺼이 한쪽 어깨를 비에 적실 때 할 수 있는 말이다. 우산을 내어주기는커녕 비 한 방울도 맞지 못하겠다는 태도를 고수하면서 어떻게 연대가 가능한가. 그리고 애초에 그들의 것처럼 크고 튼튼한 우산이 또 어디 있단 말인가.

이종건은 《연대의 밥상》에서 연대는 "서로의 삶에 참견을 하는 일"[20]이라고 했다. "당신의 고통이 나와 맞닿아 있기에" 도저히 방관할 수 없어 나서는 것이기 때문이다. 억울하면 의대 오라는 태도로는 연대를 이해하지 못한다. 또 연대는 "결국 자기 문제가 되어야 하는 것"이기도 하다. 오랫동안 한국 사회의 주거권 문제를 제기해온 이원호 활동가의 말이다.[21] "힘겹게 싸우는 사람들에게 단지 힘을 보태주는 것"뿐 아니라 "이들이 처한 문제가 결국은 나의 문제와 어떻게 만나고 연결이 되는지, 이런 지점을 고민하고 그런 요구들을 해나가는 게" 그가 생각하는 연대다.

의사에게 국민의 보편적 건강권은 과연 자기 문제인가. 반대로 의사가 아닌 우리들에게도 전공의의 비인간적 '수련' 과정은 정말 내 문제처럼 중요한가. 공공 의대 설립을 문제 삼던 2020년, 의약분업이 의료대란으로 이어진 1999년까지 거슬러 올라가는 이 해묵은 갈등은 우리 사회의 기력과 자원을 그토록 소진하고도 도무지 돌파구가 보이지 않는다.

다른 직업이 아닌 의사라 그렇다. 오늘날 한국 사회에서 의사는 노력에 따른 합당한 보상 수준을 넘어 절대적 신분이자 특권으로 인식되고 있다. 의사는 오랜 시련과 고난을 거쳐야 도달할 수 있는 현세의 영웅이다. '지적인 학대'라고까지 하는 '7세 고시'부터 시작해 의대 입시, 살인적인 전공의 시절을 지나면 비로소 부활하여 영약을 지니고 귀환할 수 있다. 대치동에 모여든 아이들이라고 전부 의대에 갈 수 있는 것은 아니다. 아이가 기저귀를 떼자마자 사교육을 시작하고 십수 년의 시간과 엄청난 교육비를 아이에게 과감히 투자하는 '제이미맘'에게도 의대는 반드시 도달해야 할 고지 중의 고지이자 그간의 경쟁을 종결짓는 결승점이다. 직업적 안정성과 고소득을 지고의 가치로 여기는 풍토가 만든 이 시대의 신화다. 종교를 대체할 정도로 강력한 의학의 권위도 신화의 탄생을 거들었을 것이다. 의사가 진단을 내리면 누구나 그 말을 믿고 고분고분 진료를 따른다.

69

수전 손택은 이제 일상적인 경험이나 인식을 벗어난 초월적 개념, 즉 초절超絶의 상태는 의학의 언어로만 존재한다고 봤다.[22] 성직자가 아닌 의사가 구원을 약속하며, 최신의 의료 기술과 약제가 면죄부를 대체한 것이다. 성과 속의 차이는 건강한 자와 병에 걸린 자, 더 나아가 계급 차에 있다. 계급 간의 이동이 더 이상 불가능한 사회에서 이 차이만큼 가시적이고 명확한 구분은 없을 것이다. 권위는 스스로 부여할 수 없고 언제나 외부에서 주어지는바, 의사의 권위는 사유하는 법을 잃어버린 이 사회가 만들고 다져온 결과물이다. 지금껏 부모와 사회가 공모해 가장 진부하고 전형적이며 단순한 가치를 추종해온 셈이다. 이번 의료대란을 목도한 미래 세대가 그것을 더욱 당연히 여기고 체화할 것을 생각하면 응급실 뺑뺑이를 지켜보는 것만큼이나 아찔하다.

　사유가 필요하다. 어른이 먼저 사유하고, 아이들에게도 사유하는 법을 알려주어야 한다. 과거를 돌아보고 다른 사람의 처지를 생각하며 다음 세대의 삶을 헤아릴 줄 아는 사람들이 합리적으로 소통할 때, 갈등을 해결하고 올바른 의사 결정을 내릴 수 있다. 의사가 왜 힘들지만 명예로운 직업인지 제대로 설명할 수 있을 때, 초등 의대반이 '한강처럼 글쓰기' 수업만큼이나 어불성설이라는 데 사회적 합의가 있을 때, 더 근본적인 가치를 사유하는 법을 장려하는 교육이 존중받을 때, 바로 그때 우리는 비로소 '슬기로운 의사'의 꿈을 진심으로 응원할 수 있을 것이다.

안녕, 샤오메이

새 학기가 시작됐다. 아이가 반짝이는 새 책 더미를 들고 와 자랑한다. 세련된 디자인의 교과서 표지나 안에 삽입된 활동 스티커 등을 볼 때마다 세월을 실감한다. 교육과정이 개정되면 내용도 적지 않게 바뀐다. 《슬기로운 생활》, 《즐거운 생활》 등이 《봄》, 《여름》, 《가을》, 《겨울》로 바뀌었다는 것을 처음 알았을 때는 무척 당황했다. 아이를 키우지 않았다면 평생 몰랐을 사실이다. 그날도 아이의 사회 교과서를 넘겨보다 깜짝 놀랐다. 추석 연휴를 보내고 돌아온 아이들이 반갑게 대화를 나눈다. "샤오메이, 추석 잘 보냈어? 나는 대전 할머니 댁에 다녀왔어." 샤오메이가 답한다. "안녕, 재우야, 나는 중국에 가서 친척들을 만나고 왔어." 그리고 재우에게 우리는 추석을 중추절이라고 부른다며 송편 대신 달처럼 생긴 월병을 먹는다는 것도 알려준다. 샤오메이라니. 별명이 아니다. 중국에서 명절을 쇠고 온 진짜 샤오메이다. 이제 다들 한국이 다문화사회라는 데 얼추 동의하는 것도 같지만 초등학교 교과서 삽화에까지 샤오메이가 등장할 줄은 몰랐다.

아이에게 샤오메이가 자주 나오냐고 묻자 당연한 걸 왜 묻냐는 반응이다. 휠체어를 탄 아이와 다문화가정의 아이는 늘 그림에 있다는 것이다. 검정교과서에 일어난 반가운 변화로 내 얼굴에 화색이 돌자 아이가 한마디 덧붙였다. "그런데 걔네는…… 음, 뭐랄까, NPC 같은 거야." NPC, 논-플레이어 캐릭터Non-Player Character. 이들은 게임 플레이어가 직접 조작하지 않아 게임에 참가할 수 없는 인물이다. 플레이어들에게 물약을 건네주거나 상점에서 물건을 판매할 수는 있지만 전투나 수색에 참여할 수 없는 일종의 배경 요소에 가깝다. 아이의 부연이 무슨 의미인지 단박에 이해했다. 우리 교과서도 미국 공영방송 PBS의 어린이 프로그램 〈세서미 스트리트 Sesame Street〉처럼 동양인 캐릭터 지영이나 자폐 아동 캐릭터 줄리아를 주요 인물로 등장시킨 줄 알았는데 섣부른 기대였다. 주변을 관찰하고 새로운 사실을 발견하는 일, 그 과정에서 갈등을 겪다가도 화해하는 어린이의 일은 여전히 재우나 혜민이의 몫이다.

바로 그 교과서로 아이들이 바르고 즐겁고 슬기로운 생활을 배운다. 이주 배경의 아이들도 같은 교과서를 쓴다. 아무리 한국말을 잘하고 한국 문화에 익숙해져도 언제나 타지에 있는 것 같다던 이주 배경 청년 고예나의 말이 떠오른다. 필리핀에서 이주한 엄마와 한국인 아빠 사이에서 태어난 고예나는 엄마의 고향과 해당 지역 출신의 사람들이 그 자체로 혐오 대상이 된다는 사실을 처음 알았을 때 큰 충격을 받았다. 부정적인 기억을 떨쳐내려고 해도 엄마를 닮아 큰 눈과 가무잡잡한 피부에 자꾸만 위축되는 것은 어쩔 수 없었다. 나이가 들수록 눈앞에서 겪는 직접적인 차별은 줄었지만 '혼혈'이나 '다문화'라는 말이 들어간 가벼운 농담에도 '심장이 떨어질 뻔했다'.[23] 신나게 웃는 친구들 앞에서 정색했다가는 분위기를 망치고 무리 밖으로 밀려날까 싶어 아무 내색도 하지 않았다. 그렇게 혼자서 가슴을 쓸어내리고 나면 "중심은 아니나 그렇다고 원 바깥으로 밀려난 건 아니라는 안도가 한숨처럼 피로인 양 몰려"[24]왔을 것이다.

고예나는 대학에 진학할 때도 혼자였다. 성적이 떨어지면 혼나고, 주변의 좋은 학원을 엄마가 알아오거나 등급을 올릴 방법을 부모님과 같이 궁리하는 것 같은 평범하고 당연한 일들이 고예나에게는 일어나지 않았다. 갈수록 궁핍해지는 농촌에서 가계소득을 보전하고자 농번기, 농한기 따로 없이 격무에 시달리는 아빠와 온 집안의 돌봄노동을 떠안은 엄마는 딸에게 쓸 경제적·시간적 여유가 없었다. 이들이라고 자녀의 대입, 더 나아가 미래에 부모의 격려와 지지가 큰 힘이 된다는 걸 모를 리 없다. "가난하다고 해서 왜 모르겠는가."[25]

이렇게 외로운 아동·청소년이 어느덧 20만 명에 달한다고 한다. 통계에 잡히는 아이들만 헤아려도 그렇다. 대한민국에 이주노동자가 많다는 것은 이들을 필요로 하는 고용주가 많다는 말이기도 하다. 평범하고 선량한 이웃의 얼굴을 하고 있을 이 고용주들은 타국의 젊은 노동자들이 자신의 숙련된 기술과 체력을 모조리 염가 판매한 후 조용히 본국으로 돌아가길 바란다. 여성 노동자라면 한국의 여성들이 진작에 거부한 돌봄노동과 가사노동을 말없이 공손하게 수행하는 것이 당연시된다. 그러나 우리의 필요에 따라 이주해 왔다고 한들 이 땅에 온 것은 그저 값싼 노동력이 아니다. 사람이다. 한 사람, 한 사람 사연 없는 사람 없다. 고국에서 그럭저럭 살 수 있는 사람이었으면 박봉에 열악한 환경으로 악명 높은 한국으로 떠나올 이유가 없다. 그렇기에 제대로 된 이주민 정책은 이주민을 이 땅에 발 딛고 살아갈 사람으로, 공동체의 주민으로, NPC가 아니라 정규 플레이어로 포용할 수 있어야 한다. 이를 위해서는 이주민의 의료나 주거와 같은 생활 전반뿐 아니라, 그들이 자녀를 낳아서 기르고 가르쳐 마침내 취업에 이르게 할 때까지 생의 전 영역을 아울러야 할 것이다. 요람에서 무덤까지 사람의 생애주기를 고려해 국가가 복지 정책을 설계하듯 현재의 이주민 정책 또한 사람-가족을 중심으로 재고해야 한다. 가족이 있는 데가 집이다. 일상의 많은 부분에서 여전히 어른의 도움을 필요로 하는 아이들에게는 더욱 그렇다. 주거복지는 바로 그 집을 돌보는 데 효용이 있어야 한다.

그러나 우리에게는 이주 가정의 자녀를 위한 제대로 된 정책이 사실상 전무하다. 각 학교에서는 이들을 배려한답시고 '다문화가정'을 특별 관리하는데 그 과정에서의 부주의한 태도가 도리어 '다문화'를 차별의 단어로 만들어버렸다. '기생수(기초생활수급자)'처럼 결핍이나 가난의 동의어가 되어버린 것이다. 학령기 자녀를 둔 엄마들 사이에서는 다문화가정이 기초생활수급자, 북한이탈주민, 한부모가정 등과 함께 복지 혜택 프리패스로 통한다. 겉으로는 '다양한 문화가 병존하는 가정'의 아이라고 부르지만 실은 이들의 가슴팍에

'가난한 아이'라는 이름표를 달아준 셈이다. 친구들에게조차 동정을 받는 이 아이들이 과연 또래 집단에 통합될 수 있을까? 이 아이들이 한국의 공교육 제도 안에서 평범하게 자라 지역사회 안에 정착할 수 있을까?

이래서 한국 정치가 문제라고 성토하기 전, 우리 역시 오래 범해왔던 몇 가지 오류를 먼저 정정해두자. 우선 '다문화'라는 말부터가 도무지 현실과 맞지 않는다. 다문화가정이라면 으레 국제결혼 가족을 일컫는데 각 구성원의 인종이나 민족은 다를 수 있어도 문화, 좁은 의미로 라이프 스타일은 다르지 않다. 계절의 변화에 따라 서랍 깊숙한 데서 반팔옷을 꺼내 입는 시기, 매일의 식단, 주말 나들이 장소, 집 안에서 신을 벗고 있는지 신고 있는지 등은 가족 구성원 모두에게 동일하게 적용된다. 그리고 무엇보다 이런 다인종가정의 대다수는 한국 문화와 생활 방식을 매우 충실히 따른다. 주변에 동화되기 위해서라도 공동체의 명시적인 규칙과 암묵적인 합의를 더욱 철저하게 지킨다. 이러한 특성을 보이는 소집단을 제대로 정의할 수 있는 말로는 '다문화가정'보다 '이주배경가정'이라는 국제 통용어가 적절해 보인다.

다음으로 이주 배경 노동자들과 그들의 아이들은 외모나 언어 때문에 불합리한 대우를 받는 것이 아니다. 차별은 문화의 차이에서 오지 않는다. 간혹 무지에서 오는 경우도 있지만 대개 자신의 이익을 따지는 데서 싹튼다. 내 것이었던, 혹은 내 것이 될 예정인 자원이나 기회를 뺏기지 않으려고 다른 이를 부당하게 배제하면서 차별이 발생한다. 배제하려면 선을 그어야 하고 선을 그으려면 차이를 명확하게 구별해야 한다. 호미 바바의 말처럼 차별의 전제 조건은 구별이다. 지금 한국 사회가 이주노동자를 구별하는 가장 큰 기준은 법적 체류 자격이다. 소위 '불법체류자'로 불리는 이들은 선 바깥으로 밀려나는 것이 당연하다고 여긴다. 체류 기한이 얼마 남지 않았는데도 한국인 자격을 얻지 못한 노동자들은 때가 되면 차별받을 번호표를 미리 뽑아둔 셈이다. 법적 체류 자격이 곧 인간/비인간이라는 인식으로 확장되어가는 이 과정이 바로 인종화racialization, 사회적으로 구성된 인종 개념을 이용해 특정 집단을 차별하는 현상이다. 트럼프 미국 대통령의 막무가내식 이민자 추방 정책 역시 같은 경우다.[26]

끝으로 차별은 누가 하지 말라니까 안 하는 게 아니다. 책에서 배운 도덕률을 무조건 따라야 해서도, 국제 사회의 눈치를 봐야 하기 때문도 아니다. 지금껏 많은 언론에서 한국은 이미 다문화사회라며 경제협력개발기구OECD의 정의를 근거로 내세웠다. 이주 배경 인구가 전체 인구의 5퍼센트를 넘으면 다문화·다인종사회라는 것이다. 그래서 우리도 이미 다문화사회에 진입한 타 선진국과 같은 매너를 갖춰야 한다는 결론에 이르고는 했다. 하지만 OECD는 지금껏 한 번도 그런 정의를 내린 적이 없다.[27] 물론 유엔 인종차별철폐위원회는 2018년 대한민국이 인종차별 정서가 심해지는 위기 상황에 처해 있다며 '포괄적 인종차별 금지법' 제정을 권고한 바 있다. 당시 국가인권위원회 또한 "한국인과 이주민 간의 차별적 지위 부여를 당연한 것처럼 인식하는 것"이 바로 인종차별이라며 우리 사회의 민낯을 지적했다. 우리가 정면으로 응시해야 할 우리의 자화상은 지극히 모순적이다. 수많은 차별의 분할선을 그으면서도 선 너머의 그들에게 필수 노동을 의탁하며 의존성을 여지없이 드러낸다.

인터넷 쇼핑몰에서 온 택배 상자 하나에도 상품을 출고한 판매자와 집 앞까지 가져다준 택배 노동자의 손길이 남아 있다. 이제 한국 사회는 이주노동자 없이는 아예 유지되지 않는다. 우리가 싼값에 편의를 누리고 공산품을 마음껏 사서 쓰고 버리는 동안 이주노동자들이 각종 위험 속에서 저임금으로 깻잎을 따고, 휴대폰 케이스를 만들며, 가축의 분뇨를 치우고, 아픈 이를 돌본다. 우리는 이들과 연결되어 같은 세상을 산다. 그래서 누군가 받는 차별은 결코 남의 일이 아니다. 모두의 일이다. 차별은 아니나 상대를 얕잡아 보는 게 분명한 동정이나 연민은 갈수록 깊어지는 차별의 문제를 결코 해결하지 못한다. 지금 우리에게 필요한 것은 수틀리면 바로 회수할 수 있는 시혜적 복지가 아니다. 시리아 출신 귀화자이자 제주 지역의 난민 지원 활동가인 라연우의 말처럼 불쌍해서 바꿔야 하는 것이 아니라 그것이 옳지 않기 때문에 바꿔야 하는 것이다.[28] 설혹 그 과정에서 갈등이 발생하더라도 민주적인 해결을 전제로 마땅히 감내해야 맞다.

이상론이 아니다. 여기 그 과정을 용감하게 돌파한 사

람들이 있다. 갈등을 갈등으로 해결하고, 함께 살 터를 기어이 함께 만들어낸 공동체가 있다. 3년 전, 울산의 이야기다.[29] 2021년 8월 '미라클 작전'에 따라 한국군 수송기를 타고 아프가니스탄 특별기여자 391명이 인천공항에 도착했다. 탈레반 정권의 폭압 통치를 피해 한국에 온 이들 중 157명이 이듬해 울산 동구로 이주했고 예상보다 훨씬 거센 반발에 부딪혔다. 아프간 사람들을 갑자기 이웃으로 맞게 된 아파트 단지 주민들은 인사도 받지 않았고, 인근 초등학교 학부모들은 아프간 자녀들의 입학을 막는 서명을 받고 피켓을 들었다. 불과 몇 년 전 제주에서 일어난 예멘 난민 갈등이 재현되는 듯했다. 결국 노옥희 교육감과 울산교육청이 먼저 나섰다. 아프간 아이들에게 학교에 보내주겠다고 했던 약속을 지키기 위해서였다. 이들은 멀리 봤고 다르게 접근했다. 이주민들에게 서둘러 한국어와 한국 문화를 가르쳤던 기존의 정책과 달리 무조건 한국의 방식을 강요하지 않았다. 마을 주민과 학생들에게도 아프가니스탄과 이슬람 문화를 배우자고 제안했다. 아프간 아버지들을 고용한 현대중공업도 적극 협력했다. 자녀가 학교에 안정적으로 정착해야 노동자도 일터에 빠르게 안착할 수 있기 때문이다.

분명 껄끄럽고 불편했을 그 시간을 거치며 한국인 가족과 아프가니스탄 가족 모두에게 변화가 찾아왔다. 아이들은 즐겁고, 부모들은 편안해졌다. 마을 풍경은 예나 지금이나 별다를 것 없이 안온하다. 이들은 알려주었다. 공동체 내에서 필연적으로 일어날 수밖에 없는 갈등은 피하거나 봉합하는 것이 아니라 부딪쳐 차이를 확인하고 서로에게 개입할 때 비로소 해결할 수 있다는 것을. 그리고 바로 그 낯선 접촉에서 '새로운 배움'이 일어난다는 것을. 결국 다문화는 '끊임없이 갈등하고 협상해야 하는 불편한 과정'이라는 것을. 이들이 바로 '언젠가는 다가올 미래를 먼저 경험'한 사람들이다.

주디스 버틀러의 말처럼 인간은 들숨과 날숨으로 세계를 공유한다.[30] 그만큼 서로의 삶이 엮여 있음을 인정하고 함께 살아갈 터전을 더 나은 곳으로 바꾸어야 한다. 책임은 모두에게 있다. 우리가 호흡하는 한, 우리는 세계를 공유한다. 물리적으로 가까운 이들과 공유하는 세계를 공동체라 한다면 우리는 서로를 위해 여기 함께 있음을 굳이 번거롭게 증명함으로써 공동체의 일원임을 확인할 필요가 있다. 나에게 어떤 일이 생기더라도 나를 위해 목소리를 높이고 곁에 있어줄 이들이 있다는 것을 알 때 우리는 세계에서 소외되지 않는다. 더 많은 날을 더 열린 세계에서 살아갈 우리 아이들을 위해서라도 어른들이 먼저 보여주어야 할 삶의 태도다.

지난 주말에는 아이와 록락을 만들어 먹었다. 록락은 캄보디아 전통 음식인데 한국의 소불고기랑 비슷하다. 소스를 만들 때 설탕, 후추, 소금, 마늘, 참기름 말고도 까나리액젓과 레몬을 더 넣어 익숙하면서도 이국적인 맛이 난다. 오이나 토마토처럼 상큼한 야채도 곁들인다. 아이가 보던 책《맛나라 이웃나라》에서 레시피를 배웠다. 프놈펜에서 온 시노

은이 알려준 비법대로 프라이팬을 아주 뜨겁게 달군 후 마늘, 고기 순서로 볶았다. 만족스럽게 식사를 마치고 책을 아이 방에 도로 가져다 놓으려다 마음을 바꿨다. 부엌 아일랜드 식탁 위의 작은 책장, 《돌체 이탈리아노》, 《구츠구츠 일본 가정식》, 《암을 이기는 최고의 식사법》 옆이 바로 제자리다. 아직 시도하지 못한 레시피도 스무 개나 남았다. 다문화 사회 한국에서는 가만히만 있어도 새로운 배움의 기회가 참 많다.

감각하는 민주주의

요새 초등학생들은 학교에서 민주주의를 공부할 때 4·19혁명부터 시작한다. 민주주의가 본격적으로 나오는 6학년이 되기 전, 5학년들은 우선 인권과 정의가 무엇인지부터 배우는데 세계인권선언을 각 조항별로 조목조목 따져보기도 한다. 삼권분립 하면 몽테스키외라고만 배웠던 나로서는 사뭇 새삼스럽다. 사실 민주주의는 공부하거나 이해하기보다 감각하는 것에 가까울 것이다. 민주주의가 제대로 작동하고 있다면 그것은 고정불변하지 않고 늘 움직이는 상태일 것이기 때문이다.

민주주의는 늘 무언가를 중단시키거나 생겨나게 하는 데 효력을 발휘한다. 헌정 질서를 파괴한 대통령을 끌어내리고 사회적 약자를 보호할 수 있는 법을 새로 제정할 때 우리는 민주주의가 실현되고 있다고 믿는다. 그래서 약식 선거를 통해 학기마다 학급회장·부회장을 선출하는 것보다는 선생의 부당한 지시에 대해 학생들이 나서 지적하고 철회를 요구하는 것이 민주주의에 더 가깝다. 랑시에르의 구분을 따르자면 전자는 치안, 후자는 정치라 할 것이다. 이때의 치안이란 경찰청 캐릭터 포돌이로 상징되는, 범죄를 막거나 질서를 유지하기 위한 업무 일반을 뜻하는 것이 아니다. 국가 공동체를 유지하고자 일종의 제도를 통해 사람들의 동의를 구하고 그것을 근거로 각자의 역할을 구분하는 것이 바로 랑시에르가 말하는 치안이자, 우리가 학교에서 배웠던 대의민주주의다.[31]

그러나 민주주의는 체감하거나 의식하기 무척 까다롭다. 우리의 현실은 정치는커녕 치안이나 겨우 작동하면 다행인 수준이다. 대개의 사람들이 가장 많은 시간을 보내는 공간만 봐도 그렇다. 보통 일터이거나 학교일 그곳은 규율만 있지 정치가 거의 작동하지 않는다. 우리가 막연히 생각하는 협의의 정치는 언론에 보도되는 정치인들의 몫이다. 그래서 다들 정치는 정치인들이나 하지 우리의 것은 아니라고 생각한다. 역시 마르크스가 옳았다. 비단 먹고사는 문제가 아니어도 "인간들의 의식이 그들의 존재를 규정하는 것이 아니라 거꾸로 그들의 사회적 존재가 그들의 의식을 규정한다".[32] 직업인이나 학생으로서의 우리는 정치를 경험하지 못하는 존재다. 지금 한국의 학교와 직장은 정치, 나아가 민주주의가 발현될 여지가 사실상 없기 때문이다.

일터가 특히 그렇다. 지역과 직종을 막론하고 그 현실이 암담하여 정치를 논하기가 무안할 정도다. 빵을 만들거나 택배를 나르다가 사람들이 죽는다. 설비에 끼어서, 비계에서 떨어져서, 너무 덥거나 추워서, 과로해서 노동자들이 죽는다. 2024년 한 해에만도 2,098명의 노동자가 일하다가 목숨을 잃었다. '협의의 정치'의 산물이라던 중대재해처벌법은 대체 누가 누구와 협의를 했다는 것인지 여전히 노동자만 등 떠밀고 기업가를 보호한다. 죽지 않고 버티더라도 비정규직이거나 여성, 이주민, 혹은 저연차라는 이유로 불합리한 처사를 받기 일쑤다. 법을 만드는 국회에서 일하는 보좌진들조차 의원의 갑질을 견디며 밥벌이를 한다. 그렇게 인권을 무시하고 민주성이 훼손되는 것을 정상이라 여기며 다들 민주주의의 감각을 조금씩 잃어간다. 모두가 선망하는 대기업이나 공기업 정규직 노동자들조차 자식에게 자신의 직업을 당당하게 권할 자신이 없다. '그렇게 공부 열심히 해서 고작 월급쟁이 될 거면 차라리 공부하지 말고 일찌감치 ○○을 배우라'는 한탄은 세대를 거듭하며 ○○의 자리에 기술, 컴퓨터, AI 등을 차례로 기입한다. 다음 세대에 건네는 조언의 핵심은 사람이든 집단이든 어디에도 구속되지 말라는 것이다.

지금과 같은 조건에서는 노동자가 열심히 일할수록 민주주의가 후퇴한다. 노동자인 내가 주권자인 나를 방해한다. 개인의 민주적 태도나 사고는 정치제도만으로 만들어지지 않는다. 노동을 비롯한 일상의 모든 활동이 민주주의의 덕목에 부합하는 방식으로 반복될 때, 민주주의는 비로소 개인의 습관이 되고 사회의 관습이 된다. 특히 노동자가 상당한 시간을 보내는 일터가 노동을 민주적 행위로 경험할 수 있는 장소로 기능하는 것이 중요하다. 단순히 직장 내 민주노조의 유무만으로 판단할 수 있는 문제는 아니다. 노동자가 일할 때 자신의 능력과 열정을 온전히 발휘하고 협업을 경험함으로써 마침내 자기효능감을 느낄 수 있어야 한다는 말이다. 그러나 우리가 매일같이 일터에서 감내하는 것은 경영자의 불투명한 의사 결정, 상급자의 일방적인 지시, 복종 말고는 선택의 여지가 없는 자신의 무력함이다. 즉, "노동은 인간의 총체적인 인격 활동인데, 자본은 노동자의 노동이 임금으로 환원될 수 없는 그 이상의 것임을 냉정하게 거부"[33]한다. 그럼에도 우리는 여전히 대통령 선거, 국회의원 선거, 전국동시지방선거에서 한 표씩 행사할 수 있는 권리가 있다는 이유만으로 민주사회의 주권자로 승격된다. 바로 이 아이러니가 현실의 민주주의를 텅 빈 기표로 만든다.

학교라고 다를까. 산업 수요에 맞춰 일찌감치 전공과 학제, 선발 인원 등을 개편하며 스스로를 상업화한 대학뿐 아니라 이제는 중고등학교조차 예비 노동자 양성에만 열을 올리고 있다. 전인적인 성장을 도모한다거나 민주 시민의 자질을 함양시키겠다는 말은 이제 새 학기 학부모 총회 인사치레로도 들을 수 없다. 더 좋은 직장을 가기 위해 가야 할 더 좋은 대학, 더 좋은 고등학교 진학률만 내세울 뿐이다. 교육 제도 개편이 매번 현장의 반대에 부딪히다 좌초하는 이유는 대학 입시 제도 하나를 개편하려 해도 기존의 제도에 맞춰 최적화된 전략을 짜고 실행 중인 초등학생(혹은 유치원) 학부모까지 설득해야 하기 때문이다. 2023년 고교학점제 전면 도입이 확정되었을 때 나 역시 교육 컨설턴트를 찾았다. 이제는 중학교 때부터 고교학점제를 준비해야 한다는 말이 여기저기서 들려오자 보통 불안한 게 아니었다. 초등학교 3학년, 그것도 중한 병을 치료 중인 아이였는데도 그랬다. 나 같은 초짜를 대상으로 한 신생 업체의 프로모션 상품이어서인지 상담 시간은 턱없이 짧았다. 아이의 기질이나 취향, 장단점 등은 말할 틈도 없었다. 어렵사리 내가 아이의 꿈 운운하자 컨설턴트는 단호하게 답했다. 장래희망, 즉 갖고 싶은 직업은 초등학교 때 명확히 결정해야 하는 것이지 적성이니 진로니 하며 천천히 찾아가는 것이 아니라고. 이를테면 "계기 교육으로 동물을 돌보다 보니 점점 열정이 생기는걸? 좋아, 나는 수의사가 되겠어."(초등학교) → "유기견 돌봄 봉사 활동에 열중하고, 창의체험 수업으로는 생명과학을 들어야겠다."(중학교) → "멍멍대학교 수의학과 김○○ 교수님의 저서를 읽고 아이디어가 떠올라 공모전에 제출해 좋은 결과를 얻었으며, 관련 분야 학점도 최대한도로 이수했습니다."(고등학교) 하는 식의 자기소개서용 서사를 바지런히 만들어야만 멍멍대학교 수의학과에 진학할 수 있다는 말이다. 이토록 적극적으로, 이렇게 일찍부터, 그리고 이렇게 오래 신자유주의적인 자기계발에 열중해야 한다니 아이가 자랄 낯선 환경에 어안이 벙벙했다. 과속하는 차에 갑자기 올라탄 듯 멀미가 났다. 결국 조언을 충실히 따르기는커녕 앉지도 서지도 못한 채 비틀대다 시간을 다 써버렸다.

그사이 아이는 초등학교 5학년이 되었다. 컨설턴트의 말에 따르면 진작 장래희망을 정하고 입시 로드맵에 따라 중학교 수학을 선행 학습해야 할 나이다. 언제 바뀔지 모르지만 일단 지금 아이의 꿈은 수의사다. 애니메이터와 해양생물학자, 미용사 등을 거쳐 수의사에 다다른 것인데 아무래도 최근 식구가 된 반려견 영향이 크다. 어린 강아지 노을이를 데리고 동네 동물병원에서 첫 진료를 받고 온 날, 아이는 경탄에 찬 얼굴로 수의사 선생님을 "예언자!!"라 불렀다. 유리 구슬을 만지는 것처럼 정수리만 쓰다듬고도 노을이의 월령을 파악했으며(천문이 얼마나 닫혔는지 확인), 우리가 먼저 말하지 않았는데도 노을이의 깨무는 버릇을 정확하게 간파하고 훗날을 경고(잦은 간식 급여로 인한 문제 행동 심화)했기 때문이다. 차분한 목소리로 강아지의 과거와 현재, 미래를 알려주는 선지자를 본 그날부터 아이는 새로이 예언자의 꿈을 꾸게 됐다.

이런 아이에게 생리학이나 임상수의학, 동물행동학 같은 사실관계를 이해시키기란 아무래도 언감생심이다. 이도 모자라 대한민국에는 수의과대학이 열 개밖에 없으며 한 해에 500명가량만 입학하는데, 그 경쟁이 매우 치열하여 농어촌 전형이라도 응시해보려면 적어도 내년에는 이사를 가야 한다 말하고 동의를 구하기란 사실상 불가능하다. 대한민국 많은 부모들의 최대 난제 중 하나가 바로 여기 있을 것이다. 영화 〈인사이드 아웃 2〉의 라일리처럼 감정 표현은 적극적이지만 충동을 억제하거나 이성적으로 사고하기는 지극히 어려워하는 사춘기 아이들과 민주적으로 소통하며 진로를 함께 설계해나갈 수는 '없다'. 그렇다고 자녀의 미래를 좌우할 크고 작은 결정을 매번 부모가 대신 내리며 아이더러 충실히 따라올 것만 강요한들 반드시 좋은 결과가 보장되지도 않는다. 10대의 격렬한 반항과 끝 모를 무기력이라는 부작용이나 얻지 않으면 다행이다. 제2의 손흥민 아버지나 김연아 어머니는 결코 의지만으로 될 수 있는 게 아니다.

그래서 가장 문제적인 공간은 어쩌면 가정이다. 현대사회의 가정은 오랫동안 노동력 재생산 기구로 기능해왔고 현재도 그 역할을 충실히 다하고 있지만, 요즘 탄생하는 노동력은 과거의 그것과 분명 다르다. 자본의 요구에 맞춰 자신의 시간과 능력을 제공하던 고전적 의미의 노동자를 넘어 자신도 모르는 사이 신자유주의의 규율과 문화를 기꺼이 따르고 확대 재생산하는 파수꾼으로 활약하기 때문이다. 스튜어트 홀에 따르면 이데올로기는 '세계를 사유하고 세계에 관해 계산하는 틀'이다. 다시 말해 이 세계가 어떻게 굴러가는지, 거기서 나의 위치는 어디이며 나는 무엇을 해야 하는지를 이해하는 관념들이 모여 이데올로기가 된다는 것이다.[34] 요즘의 노동자는 끝없는 자기 갱신을 당연시하는 무한 자기계발 기계다. 동시에 자신의 처지를 자신의 능력 부족 때문이라 여기고 저임금이나 장시간 노동에 절대 항의하지 않는 조용한 노동자이기도 하다. 이들이 어린 시절부터 체화한 이데올로기는 다름 아닌 시험만능주의, 학벌주의, 배금주의, 능력주의 등의 집합이다. 또한 딸에게는 차별적인 현실을 인식하더라도 섣불리 저항하지 말고 '지혜롭게' 적응하라는 성별 분업 이데올로기까지 더해진다.

바로 이 이데올로기를 철저히 학습시키고 몸소 '실천'시킨다는 점에서 가정은 단연 이데올로기적 국가장치

Ideological State Apparatus, ISA의 트렌드세터다. 루이 알튀세르가 고안한 개념인 이데올로기적 국가장치는 자본주의적 생산 관계와 사회적 조건이 영속될 수 있도록 특정한 이데올로기를 재생산하고 유지시키는 사회적 제도들을 일컫는 말로 학교나 종교기관, 언론, 가족 등이 대표적이다. 그중에서도 가족이 이데올로기적 국가장치의 선두 주자 역할을 맡게 된 것은 지극히 당연한 일이다. 국가 제도나 공동체는커녕 신에게도 의지하지 못하고 각자도생의 생존법을 찾아야 하는 현실, 좋은 대학을 나와 정규직으로 자리 잡는 게 최고의 효도라고 대우받는 한국 사회의 오랜 폐습이 모든 가정을 고효율 이데올로기 머신으로 변모시켰다. 엘리트 중산층 가정은 그들 특유의 '익스클루시브exclusive한' 방식으로, 평범한 서민 가정은 또 그들 나름의 '어포더블affordable한' 대안으로 이데올로기를 재생산한다. 시험을 잘 봤을 때만 아이폰을 사주는 집, 기죽지 말라며 무리해서 명품을 사주는 집, 사는 동네나 아파트뿐 아니라 자동차, 패딩, 가방, 시계 등 모든 상품에 계급도를 작성하고 상대의 점수를 매기는 어른들의 나쁜 태도를 굳이 지적하지 않는 집 등 어디 하나 그렇지 않은 집이 없을 정도다.

그래서 슬프게도 우리는 민주주의를 감각하지 못한다. 그 쓸모를 알지 못한다. 대신 자본과 사회가 무엇을 원하는지 단박에 눈치채고 반사적으로 몸을 움직여 그 요구에 부응한다. '존경하는 국민 여러분'인 우리가 개입할 수 있는 정치란 오직 선거뿐이며 확인할 수 있는 것은 그 결과밖에 없다. 그래서 선거 때마다 정당과 정치인들은 우리의 요구를 받아안아 정책으로 실행하고 법으로 만들겠다고 공언한다. 그 앞에서만 우리는 공동의 선한 의도를 가진 성숙하고 단합된 국민이 된다. 전 세계 민주주의를 위협하고 있는 포퓰리즘은 바로 이렇게 시작됐다.

반면 시도 때도 없이 거리에 나오고 자꾸 훼방을 놓거나 반기를 들며 불가능한 것을 끊임없이 요구하는 이들은 민주주의를 심각하게 위협하는 세력으로 취급받는다. 노동조합, 유가족협의회, 인권단체 등이 그렇다. 그러나 오히려 이들이 일으키는 소란이야말로 민주주의다. 민주주의가 기능하는 와중에는 대중, 국민, 차별, 폭력, 보수, 진보, 민주주의 등 그 어떤 개념도 단일하거나 불변하지 않는다. 완전하지도 않다. 그래서 헌법조차 필요에 따라 개정한다. 바로 이 민주주의를 감각하지 못하면 결국 포퓰리즘에 경도되고 말 것이다. 단 한 번의 실수나 낙오도 용납하지 않는 신자유주의 패권 질서에 사로잡혀 저도 모르게 차별과 배제를 자행하게 될 것이다.

그러므로 학교와 사회에서, 적어도 가정에서 우리가 아이들에게 꼭 알려줘야 하는 것은 실패의 가능성이다. 성공을 격려하는 응원도 좋지만 "자꾸 도전했다. 자꾸 실패했다. 상관없다. 또 도전하라. 또 실패하라. 더 잘 실패하라"[35]라는 메시지도 중요하다. 패배하더라도 기꺼이 부딪치는 것, 낙오하거나 패배한 이를 다시 일으켜 세우고 기회를 주는 것, 누구나 때에 따라 패배할 수 있음을 인정하는 것, 이것이 바로 민주주의를 감각하는 훈련이다. 어른, 적어도 법적으로 성인이 된다는 건 투표를 하고 계약을 체결하고 결혼을 할 수 있다는 뜻인 동시에 민주사회의 어엿한 일원이 된다는 의미다. 막 사회에 발을 내딛게 된 이들이 법에는 의무뿐 아니라 권리도 분명히 명시되어 있다는 점을 인지하고 연대를 통해 자신의 정치적 역량을 발휘할 수 있다면 우리는 분명 내일을 바꿀 수 있다. 기후 위기나 고령화처럼 예정된 미래도 조금은 늦출 수 있을 것이다. 역사를 통해 여러 번 목도했듯 민주주의는 무엇을 바꿔낼 때 가장 힘이 세기 때문이다.

하이마트로 가요

내가 사는 동네는 은여울마을, 경기도 서북권 신도시 소재의 아파트촌이다. 드론으로 촬영하면 잘 구분되지 않을 정도로 비슷한 풍경의 주변 동네도 솔터마을, 하늘빛마을 등 이름부터 소박하고 꾸밈이 없다. 결혼 후 정착한 이 동네는 갈수록 사람이 많아지고 상가도 늘어나지만 여전히 개발을 멈추지 않는다. 도시 건설 게임 〈심시티〉를 아주 천천히 플레이하는 느낌이다.

당연히 내 딸도 은여울 어린이. 은여울어린이집에서 처음으로 단체 생활을 시작해 은여울초등학교병설유치원을 졸업하고 현재 은여울초등학교에 재학 중이다. 은여울피아노학원을 거쳤으며 주말이면 은여울공원에서 자전거를 타거나 줄넘기를 연습한다. 아이의 유년기를 채운 평범한 일상은 대부분 이곳, 은여울마을을 배경으로 한다. 과연 아이는 나중에 이 마을을 자신의 고향으로 여기게 될까.

고도성장기에 건설된 대단지 아파트가 낳은 1980년대생 아파트 키드처럼 아이도 나중에 '후기' 신도시 키드로 불릴 수도 있겠다. 특정 주거지역에서 나고 자란 이들에게는 저도 모르는 사이 공통의 속성과 추억이 생겨나기 마련이니 이 아이와 동네 친구들에게도 그럴 것이다. 아파트 단지마다 있는 지하 커뮤니티 센터, 빨간색 광역버스가 줄지어 도착하는 정류장, 도복을 입은 태권 소년들과 레깅스 차림의 필라테스 연습생들로 북적거리는 상가 엘리베이터, 언제고 사람이 없는 적이 없는 무인 아이스크림 가게 등이 만든 풍경은 인위적일지언정 분명 '신도시'라는 고유한 인장이 찍혀 있다. 일산의 라페스타, 웨스턴돔, 후곡 학원촌이 BTS의 RM에게 "내가 죽어도 묻히고픈" 〈Ma City〉가 되었듯, 아이도 이 도시에 자신만의 의미를 부여하고 애착을 갖게 될지 모른다.

독일어에도 하이마트Heimat라는 단어가 있다. 우리말로 하면 고향, 즉 자기가 태어나 자란 곳을 뜻하지만 사전적 정의, 지리적 위치 이상의 의미를 갖는다. 자신이 속하거나 속했던belong 공간, 그래서 자신의 정체성을 형성하는 데 유의미한 기능을 한 곳을 칭하기에 때로는 모국을 의미하기도 하고, 개인적으로 정든 곳이나 노스탤지어를 일으키는 곳도 전부 하이마트가 된다. 한평생 디아스포라 지식인으로 살았던 서경식 선생도 독일에 체류하며 강연할 때면 하이마트가 어디냐는 질문을 유독 자주 받았다고 한다.[36]

아이의 고향, Ma City, 하이마트를 생각하다 보니 자연히 비관에 빠진다. 나와 아이뿐 아니라 지금 한국인들의 하이마트는 결국 서울과 비서울, 두 곳으로 나뉘는 것 아닐까 하는 절망이다. 서울 인근이라지만 경기도 역시 비서울이라는 점에서는 처지가 다르지 않다. 경기도 내에서 경제적으로 자족이 가능한 자립도시는 매우 드물다. 애초에 서울京 주변 땅畿이라는 이름의 연원에서 알 수 있듯 서울이 있어야 존재할 수 있는 지역이 바로 경기도다. 서울과 비서울이라는 이 분법이 너무 단순하다면 서울을 중심으로 한 거대한 방사형 구조로 바꿔봐도 좋다. 마치 양궁 과녁처럼 10점 만점 서울을 중심에 두고 직경만 다른 여러 개의 원이 밖으로 확산되어가는 구조가 바로 현 대한민국의 심상 지리다. 여기에 지하철 노선, GTX, 자동차 전용도로, 고속도로, KTX 등 각종 교통 인프라가 그 직경의 길이를 좌우한다.

터무니없는 비관이 아니다. 서울을 제외한 모든 지역이 식민화된 상황에 대해서는 이미 많은 이들이 오랫동안 개탄해왔다. 수년 전, 지역 소멸이라는 극적인 진단을 내리고도 아직 국가 차원의 해결이 요원한 난제이기도 하다. 산업화로 촉발된 이촌향도의 시대가 새 국면을 맞고 이제는 모든 행정 단위가 이미 도시이거나 도시를 지향하지만 서울의 파괴적인 영향력은 줄어들기는커녕 폭발하듯 커가고 있다.

신혼을 즐기고 갓난아이를 키우기에는 너무 좁고 시끄러우며 오래된 동네를 견디지 못해 서울을 떠나온 후, 나는 그것을 내 인생 최대의 오판이라 여기지 않도록 아주 철저히 스스로를 단속해왔다. 백화점과 팝업스토어는 소비자본주의의 세이렌이므로 노랫소리가 들리지 않게 멀리 떨어져 있을수록 좋다고 되뇌었다. 끊임없는 신경 자극으로 사람을 지치게 하는 대도시의 환경이 싫증, 무관심, 둔감함, 냉소, 소극적 자세 등을 유발한다고 지적했던 위대한 사회학자[37]의 권위에 힘입어 아이를 위해 소도시로 오길 잘했다고 믿었다. 경쟁하듯 기획 공연과 전시를 유치하는 공공문화예술시설 덕에 경기도민 할인가로 티켓을 사는 재미도 좋았다. 더구나 이곳 신도시에는 넓은 공원과 호수 등 도시인을 위해 깔끔하게 정비된 녹지가 많았고, 어린 자녀를 둔 젊은 부모들을 주 고객으로 삼는 상업 시설도 풍부했다. 무엇보다 내가 사는 아파트는 '초품아(초등학교를 품은 아파트)'였다.

그런데 바로 그 초등학교가 문제였다. 신도시 건설 후 아파트 입주가 시작되자 폭발적으로 늘어난 인구가 대부분 30~40대의 젊은 부부와 그들의 어린 자녀로 구성된바, 동네의 모든 초등학교가 과대학교·과밀학급이었던 것이다. 우리 아이가 다니는 학교만 하더라도 학년당 학급이 열서너 개씩이었고, 학급당 학생 수는 서른 명을 훌쩍 넘겼다. 당시 전국 초등학교의 학급당 평균 학생 수는 보통 22.1명, 적다는 전남이 18.4명이고 많다는 경기도가 24.1명이었다. 그런데 유독 여기에서만 서른 명 이상이 한 반에서 공부하고, 거의 2,000명에 달하는 인파가 매일 점심시간마다 급식실을 휩쓸고 지나간다니, 대한민국의 저출생 위기를 의심할 지경이었다. 아이를 잘 키우고 싶어서, 공간과 시간과 마음에 여유를 갖고자 이주한 곳인데 이런 현실과 맞닥뜨릴 줄은 몰랐다.

과밀학급은 단순히 교실이 북적거린다는 데만 그치는 문제가 아니다. 담임교사의 업무가 폭증하니 아이들을 개별적으로 관리하기 어렵고 전체를 효과적으로 통솔하는 데도 무리가 따른다. 좁은 공간을 많은 인원이 함께 이용하다 보니 교육 서비스의 질이 하락할 뿐 아니라 자연히 학생들 간의 갈등도 늘어나기 마련이다. 반면 서울의 초등학교 학급당 평균 학생 수는 스무 명을 갓 넘는 수준이다. 어린이 수는 적은

99

데 교육 환경이나 돌봄 시설, 지원 체계는 그 어느 지역보다 잘 구축되어 있어서 아이들에게 돌아가는 교육 서비스의 수준이 자연히 높아진다. 가령 서울 초등학교 도서관은 다른 지역에 비해 장서도 많고 기자재도 자주 바뀌며 사서 선생님도 대개 상주하신다. 그동안 제법 만족하며 살아왔는데 바로 이 교육 환경 차이에 그렇게나 부아가 치밀었다.

사실 학급당 학생 수나 시설 수준으로만 따지자면 아이를 위해 수도권이 아닌 지역의 작은 초등학교들을 먼저 고려했어야 했다. 인구 유출을 막고자 지방의 많은 학교들이 공을 들여 교육 환경을 정비해왔기에 원어민 영어 선생님은 기본이고, 자체 수영장을 갖추거나 1인 1악기를 보급하는 곳도 많다. 굳이 귀농·귀촌까지 하지 않아도 요새는 주소지가 비수도권이라는 것만으로도 받을 수 있는 혜택이 상당하다. 주거 지원, 취업이나 창업 보조, 농어촌 특별전형 등 교육 혜택까지 얼핏 보기에는 국가가 앞장서서 지역민을 우대하는 듯 보인다. 그러나 당장 나부터도 서울 언저리에서 발을 떼지 못했다. 서울에서 멀어진다는 것은 기회와 가능성으로부터 소외된다는 뜻이다. 이미 많은 것이 결정된 내가 아니라 아이의 경우가 그렇다는 말이다. 실제 비수도권을 고향으로 둔 지방 청년들의 현실은 "세세하게 배려받는 것 같지만 치밀하게 소외된다는 것이 무엇인지"[38] 가감 없이 보여준다.

요즘 마음먹은 대로 수월하게 취업하는 청년이 어디 있겠냐마는 지방 청년들의 현실은 상상 그 이상으로 척박하다. 미디어에서조차 이들을 잘 보여주지 않기에 사람들이 모를 뿐이다. 경남대학교에서 학생들을 가르치며 진로 지도까지 맡고 있는 양승훈 교수에 따르면 우리가 아는 공채, 시험 등의 공식적인 과정을 거쳐 일자리를 얻는 청년은 전체의 10~15퍼센트에 불과하다. 가족과 함께 수도권에 거주하며 수도권 소재 4년제 대학을 나온, 우리가 뉴스에서 익히 봐왔던 그 청년들이다. 나머지 청년들은 중소기업, 플랫폼 노동, 영세 자영업 등을 부유하거나 그도 아니면 '그냥 쉰다'. "제가 그래도 대학을 나왔는데" 관리직이나 사무직을 하고 싶다는 지방 청년들의 열망은 지극히 타당하나 실현될 수 없다. 한국 노동시장이 요구하는 노동력과 대학 교육이 양성한 예비 노동력이 도통 맞물려 돌아가지 않기 때문이다. 정부의 고등교육 강화 방침에 따라 대학도 늘고 대학생도 많아졌지만 성장이 주춤하며 고용은 대폭 줄었다. 특히 고학력 청년들이 원하는 일자리는 지역에서 자취를 감춘 지 오래다. 그들의 부모 세대처럼 지역 산업체에 취직하려 해도 대기업은 더 이상 정규직 생산직을 채용하지 않으며, '엔지니어 주도 혁신'에 따라 다수의 일터는 기계화·자동화되었다.[39] 자라는 내내 주변 비정규직 노동자들의 불안한 고용 환경, 산업재해 등을 목도한 이들은 자연히 지역 내 일자리를 기피하게 된다. 제조업 기반 지역에 사는 여성 청년들에게는 그나마도 선택지가 없다.

결국 이들은 모두 서울로 온다. 이들에게 상경은 불

가피한 선택이다. 비수도권에서 일하다가 서울로 이직한 20~34세의 1인 가구는 2015년부터 급격히 늘기 시작했는데, 주로 파견직으로 서울 생활을 시작한다. 남성은 경호업체, 여성은 병원에서 일하는 경우가 많다고 한다. 다달이 월세도 내야 하고 물가도 훨씬 비싸지만 이들이 서울살이를 포기하지 않는 이유는 간명하다. 눈 뜨고 코 베일지언정 일단 서울에서 파견직으로라도 버텨야 이력서에 한 줄이라도 더 써서 원하는 곳에 취업할 수 있기 때문이다. 경남에서 상경했다는 한 여성 인터뷰이는 "최대한 지역에 남아 사랑하는 가족과 함께 정착해서 지내고 싶은데, 현실은 일자리를 찾아 다들 '메뚜기 떼'처럼 왔다 갔다" 한다며 "운이 좋아야만" 지방에서 살 수 있는 건지 되물었다.[40]

지방에서 나고 자랐다는 이유만으로 이들은 사회에 막 진입하는 출발선부터 소외를 경험한다. 흔히 소외는 자본주의 체제하의 노동자가 경험하는 것으로 여겨진다. 마르크스가 집어낸 노동자의 소외는 생산물과 생산 과정으로부터의 소외, 인간 정체성으로부터의 소외, 타자로부터의 소외 등 노동하는 상태를 전제로 하기에 아직 이 시장에 진입하지 못한 예비 노동자들은 이런 소외를 겪을 일이 없어야 한다. 그러나 오랜 기간 예비 노동자로 지내온 지방 출신 청년들은 기회의 박탈이라는 형태로 진작부터 세계에서 소외되어왔다. 마침내 노동자 정체성을 얻었다 하더라도 가족에게서 멀어지고, 고향으로부터 소외되며, 지방 출신이라는 자신의 개성을 소거함으로써 몇 배나 더 혹독하게 '정체성으로부터의 소외'를 겪는다. 기타 치며 노래하는 정밀아의 자작곡 〈서울역에서 출발〉에 바로 그런 애수가 있다. "옛날 사람 봇짐 메고 한양 가듯이" 어수룩한 차림으로 상경한 젊은 여성은 비로소 서울역에서 자신의 스무 살이 출발했다고 한다. 전철 타고 한 시간만 가면 오랜 친구네도 갈 수 있고 서울이 참 좋은데 다만 자신의 스무 살이 "한 백 번은 변한 것" 같다고 느낀다. 그런데도 "그게 뭐 어떻다는 것은 아니고 그냥 그랬구나" 흥얼거린다.

다시 우리에게 없는 말을 써보자. 서울은 우리에게 사우다지saudade를 남긴다. 포르투갈어인 사우다지는 사랑했지만 돌이킬 수 없이 망가지거나 잃어버린 것에 대한 깊은 슬픔을 뜻한다. 사우다지는 노스탤지어와 달리 삶의 부조리가 만들어낸다. 이를테면 영화 〈시네마 천국〉에서 어른이 된 토토가 알프레도가 남긴 필름 릴을 보며 느끼는 깊은 회한이 사우다지다. 가난을 딛고 영화감독으로 성공했지만 그가 잃어버린 유년 시절은 폐관된 동네 영화관처럼 결코 복원되지 않을 것이다. 황지우가 "내가 사랑했던 자리마다 모두 폐허다"라며 자신의 지난 사랑을 모두 "슬프다"[41]고 할 때, 우리는 그 파괴적인 사랑이 다름 아닌 나로부터 비롯되었음을 알기에 시인의 사우다지에 통렬히 공감한다.

지금 서울은 전국에서 상경한 비정규직 청년 노동자들에 의탁해 도시의 기능을 유지하고 있다. 고향에 남아 있는

103

부모 또한 이들을 위해 갖은 자원을 모조리 서울로 보낸다. 병원 접수 창구부터 온라인 마케팅 업체까지 서울 곳곳에 편재하는 이 젊음은 자신의 개별성을 숨기고 자본의 필요에 따라 도심을 부유하며 첨단과 혁신이라는 서울의 정체성을 유지시킨다. 그래서 서울이 아닌 모든 곳에는 이제 사람도, 자원도, 일자리도, 관계도, '내가 사랑했던 자리'도 없다. 내가 잃어버렸으나 다시 찾을 수 없는 것, 먹고살기 위해 잃을 수밖에 없었던 것은 바로 나 자신이자 나를 나로 만들어준 시원의 공간, 하이마트다.

나의 살던 고향은 이제 (벚)꽃 피는 도시다. 거부할 수 없이 도래할 초연결 시대에 거주지의 기본 사양은 도시가 될 것이다. 물질적인 자원보다는 사람의 영향이 더 크다. 경계를 횡단하는 아이디어를 빠르게 교환하기 위해 더 많은 사람들이 더 가까이 모이려 할 것이기 때문이다. 도시를 도시로 만드는 가장 큰 자원은 역시 사람이다. 그 뒤를 정보와 기술, 자본이 따른다. 도시를 '인류의 가장 위대한 발명품'이라고 한 경제학자 에드워드 글레이저는 세계는 평평하게, 도시는 더 높이 만들 것을 제안한다. 도시처럼 사람이 많아야 협력의 효과가 극대화되고 혼잡해야 새로운 정보의 흐름을 창조할 수 있으며, 서로 연결되어 있을 때 학습과 교육의 기회가 늘어나기 때문이다. 그래서 위대한 도시는 결코 정적이지 않다.[42] 아름다운 스카이라인뿐 아니라 사람을 위해 교육에도 투자를 아끼지 않는다.

문제는 그 모든 것이 단 한 곳에서 일어나고 집적될 때 생긴다. 서울 말고도 동적인 도시가 더 많아져야 한다. 이제 서울에서 태어났다는 것은 비장애인이나 남성, 백인처럼 천부적인 출생 조건으로 작용하기에 이르렀다. 어디서 태어났느냐가 운명이 된다는 것은 교육을 받는 환경이 인생에 결정적인 영향을 미치며 개인의 정체성을 형성한다는 의미다. 서울대를 열 개 만들어 효과를 보려면 지역에 건물부터 올릴 것이 아니라 그곳에 사는 사람들에게 먼저 투자해 스스로 움직이고 협력하며 연결되게 해야 한다. 도시든 지역이든 움직이지 않으면 쇠퇴한다. 지역성 역시 고정된 것이 아니다. 외부 사람들에게 호소될 로컬리티를 개발하는 것도 좋지만 새로운 사람을 계속 끌어들일 수 있도록 지역 특유의 관계망을 구축하는 것 또한 중요하다. 구심력과 원심력을 모두 발휘하는 도시, 그래서 결코 소멸하지 않고 그곳의 시민에게 성장의 경험을 남겨줄 위대한 도시가 〈심시티〉 아닌 현실에서 지어지기를 고대한다. 나는 그곳을 기꺼이 내 노년의 하이마트로 삼을 것이다.

105

세월이 가면

2014년 4월 당시 나는 임신 3개월이었다. 태아는 아직 인간의 형체도 갖추지 못했지만 빠르고 힘찬 심장박동 소리로 자신의 존재를 과시했다. 초음파 스캐너를 배에 문지를 때마다 요리조리 움직이는 아이(의 형상)를 보며 그 얼굴을 얼른 만지고 싶어 견딜 수 없었다. 그러던 중 찾아온 그날, 4월 16일, 나는 다이어리에 이렇게 썼다. "이런 세상이라면 너를 배에서 꺼내고 싶지 않다. 그냥 이렇게 내 안에 평생 품고 다니는 게 낫겠다." 참사의 여파는 달이 가고 해가 저물도록 길게 이어졌다. 배가 불러올수록 슬픔만큼 걱정이 늘었다. 세계를 향한 불신과 분노는 안전에 대한 강박과 집착으로 이어졌다. 훗날 나는 아이에게 그해를 회고하며 "너의 꼼지락이 너를 품은 사람에게 기쁨이 되었던 시절"[43]이었다고만 말하지는 못할 것이다. 알 수 없는 미래가 더없이 기대되면서도 지독히 무서웠기 때문이다.

아이와 함께하는 아홉 번째 여름휴가는 진도로 갔다. 이순신 장군의 기상을 느낄 수 있는 해남·진도 코스였는데 정작 아이는 영 재미가 없는 모양이었다. 얼른 리조트에 가서 수영이나 실컷 했으면 좋겠다고 했다. 그런 아이를 데리고 땅끝마을도 가고 두륜산에도 올랐다. 가계해수욕장과 신비의 바닷길까지 들렀지만 결국 팽목항에는 가지 못했다. 아이에게 아직 세월호와 그날을 설명해주지 못했기 때문이다. 아이 학교에서는 언제쯤 세월호 계기교육을 하려나. 과연 아이에게 그날의 일을 어디서부터 어떻게 알려줘야 할까.

고민만 하다 좋은 기회를 놓쳤다.

결국 책에서 답을 찾았다. 무구한 아이들과 몰염치한 어른들 어느 한쪽의 시점도 아닌, 쓰러진 배 '세월'의 눈으로 참사를 기록한 그림책[44]이었다. 오랜만에 큰 판형의 그림책을 보게 된 아이가 눈을 반짝였다. 둘이 바짝 붙어 앉아 커다란 책을 각자의 무릎에 한 면씩 펼쳐두면 그림만 빤히 들여다보던 어린아이였는데 어느새 훌쩍 자랐다. 혼자 책을 들고 대번에 글부터 읽는다. 평소 그림 볼 일이 많지 않은 내가 오히려 아이의 등 너머로 한 쪽 한 쪽 꼼꼼히 들여다본다. 주저하는 세월의 몸과 약동하는 아이들의 몸이 교차하고 포개지며 그날을 향해 간다. 끝내 다다르지 못한 제주의 노란 유채꽃밭과 그냥 지나쳤어야 할 시퍼런 바닷물이 시야를 가득 채운다. 책을 덮은 아이는 퍽 놀란 눈치였다. 바다에 스러져 간 목숨이 304명이나 되는 줄은 몰랐던 것 같다. "단 하나의 원인이라도 제거되었다면" 자신은 가라앉지 않았을 것이라는 세월의 말이 제일 기억에 남는다고 했다.

진작 알려줬어야 했다. 한국 사회에서 무시로 일어나는 재난에 대해 마냥 얼버무릴 것이 아니었다. 그 현장이 너무 슬프고 처참하다는 이유로, 아직 죽음을 말하기에는 어리다는 이유로 자세히 언급하지 않았으나 생과 사의 개념을 아는 나이가 됐다면 충분히 할 만한 이야기였다. 누군가 먼저 일러주지 않으면 아이는 타자의 죽음과 고통에 응답하는 법을 스스로 깨치지 못할 것이다. 우리 사회가 재난에 대처하는

109

데 미숙하기에 더욱 그렇다. 겪은 일이 많은 어른들은 한국에 참사가 발생하면 으레 예상되는 수순을 이미 잘 알고 있다. 지금껏 중대본은 제 기능을 하지 못했고, 원인을 규명하는 데 너무 오랜 시간이 걸렸으며, 유족들의 요구는 끝내 이행되지 않았다. 잠깐의 애도를 마친 후엔 보상을 둘러싼 불필요한 논란과 책임 소재를 둘러싼 정치 공방이 이어졌다. 결국 또 하나의 유가족협의회가 생기고 정부 부처가 아닌 피해자의 가족들이 오래도록 힘겹게 문제를 해결해왔다.

그저 정부가 미숙해서 그런 것이 아니다. 흡사 재난 수습의 '경로의존성'이라 부를 수 있을 정도로 나태하게 잘못을 반복한 것이다. 다리가 무너지고, 열차에 불이 나고, 배가 가라앉고, 도심 한복판에서 수백 명이 죽고 다쳤던 그 모든 순간마다 한강에 괴생명체가 출현하기라도 한 것처럼 우왕좌왕 허둥대던 정부를 보며 우리가 배운 것은 불신이다. 유가족 뜻에 전적으로 따르겠다더니 이들을 기어이 카메라 앞에 세우고 엄동설한의 거리 농성장으로 내몰다 끝내 불볕더위에 삼보일배까지 시키는 정치의 무책임함에 분노하며 인이 밴 불신이다. 그 와중에 기어이 코앞까지 마이크를 들이대고 카메라로 바짝 쫓던 언론 또한 떳떳지 못하다. 재난이 쓸고 간 자리를 단순히 중계하는 데 그칠 것이 아니라 재난이 야기한 통렬한 고통에 대해 말했어야 했다. 고통의 재현에 실패한 화면은 자극적 이미지로 소비될 뿐 어떠한 가치도 지니지 못한다. 랑시에르의 말처럼 고통은 고통받는 그 이웃에 대한 나의 응답이 있을 때만 윤리적 가치를 갖기 때문이다. 내가 응답하지 않는 한 고통 그 자체는 아무런 의미나 가치도 없다.

앞서 우리가 배웠어야 할 것은 불신이 아니다. 나와 아무 상관없는 저 먼 타자의 죽음이 실은 나와도 깊게 관련되어 있다는 공동체적 감각이다. 모든 공동체는 그 안에서 "죽어가고 태어나는 개인들의 생각들과 업적을 흡수하면서 유지"[45]된다. 공동체가 유기체인 이유다. 나는 살아 있어도 내 의지와 관계없이 노상 타자들의 죽음에 노출된다. 그리고 영향을 받는다. 재난에 휩쓸린 남의 죽음을 보며 느끼는 비애는 아마도 우리가 인지상정이라 부르는 보통의 마음일 것이다. 그리고 그것이 바로 인간이라면 모두 품고 있을 공동의 감각이다. 당장 눈앞의 재난을 모른 척하고 나 혼자 신날 수는 없는 노릇이다. "혼자 벌이는 잔치에 무슨 기쁨이 있으랴!"[46] 우리는 타인의 죽음 앞에서 절로 숙연해진다. 자격과 조건을 떠나 모든 사람이 똑같이 맞을 죽음의 운명을 체감하고, 그들과 지금-여기-같이 있음을 새삼 확인하기 때문이다. 다르지만 같은 이들의 공존. 이것이 바로 공동체의 본령이다. 노란색, 하늘색, 보라색 등 색색의 리본을 옷깃에 달고 사는 유가족들은 그래서 자기 가족의 죽음만 이야기하지 않는다. 살아남은 자의 삶을, 재난이 일어난 세상을, 공동체의 내일을 이야기한다. 그 어느 때보다 타인의 마음과 죽음을 더 많이, 더 깊게 생각하는 것. 그것이 바로 재난을 대하는 자세다.

한편 재난을 대하는 태도도 있다. 자세와 달리 태도에는 입장이 담긴다. 이제는 재난 앞에서 반드시 불평등을 고려하겠다는 단호한 입장이 필요하다. 갑작스러운 폭우가 닥쳤을 때 집으로 들이닥치는 빗물의 양은 전부 다르다. 폭우, 가뭄, 태풍 등 자연재해가 발생했을 때 그에 따른 피해가 같지 않다는 사실은 사회가 평소 재난에 얼마나 대비하고 있었는지, 그 대비책은 모두에게 공평무사했는지를 돌아보게 한다. 2005년 미국 남동부를 덮친 허리케인 카트리나는 도시의 저지대에 모여 살던 흑인 빈민가를 집중적으로 강타했다. 미디어는 물에 잠긴 거리에서 죽을 위험을 무릅쓰고 식량을 찾는 이재민들의 모습을 보도하며 흑인은 식량을 약탈looting했고, 백인은 발견finding했다고 했다.[47]

2022년 여름, 서울에 쏟아진 기록적인 폭우는 모두 반지하방으로 흘러들었다. 이제 재해는 더 이상 자연적이지 않다. 자연의 이상현상이 사회의 구조적 취약함과 경제적 불평등을 만났을 때 비로소 재해가 된다. 그러므로 천재와 인재는 구분되지 않고 결국 모든 재난은 사회적 재난이다. 더구나 탄소식민주의의 도래 이래 모든 자연재해는 단일한 이벤트가 아닌 복합 재난이 되었고, 불평등에 따라 피해 양상도 극적으로 달라졌다. 탄소식민주의란 탄소를 배출하며 생성한 부를 차지하는 곳과 그 대가를 치르는 곳이 현저히 동떨어져 있는 권력 체계를 뜻하는 말이다. 북반구의 잘사는 나라들이 제조공정이나 폐기 처리를 남반구의 가난한 나라들에 이전했으면서도 그에 대한 경제적 결실은 그대로 가져가는 현 상황이 바로 탄소식민주의다.[48]

가령 한국은 인도네시아산 펠릿을 가장 많이 수입하는 나라다. 펠릿은 나무나 그 부산물을 분쇄하고 건조해서 압축한 작은 알갱이 모양 연료인데, 한국의 급증하는 수요를 맞추기 위해 인도네시아에서는 지난 5년간 축구장 8,000개 면적의 숲을 태웠다. 숲에 불을 지르고 펠릿을 실어 나를 길을 내느라 인도네시아는 수백만 톤의 이산화탄소를 배출하고 숲속 생물다양성을 희생하지만, 한국은 수입해 온 펠릿을 청정에너지라 부르며 신재생에너지 보상금을 지급한다. 펠릿을 쓰면 탄소 배출량이 제로로 기록되기 때문이다. 서로 얽히고설킨 글로벌 자본주의하에서 기후 위기는 북반구에서 남반구로 수출되고, 남반구 국가들은 외화벌이에 따른 뼈저린 대가로 자국민의 건강과 안전한 삶을 희생한다. 이제 인간은 "하나의 기후를 모두가 함께 경험하는 것이 아니라 각자의 기후 속에서 혼자 살아"가게 된 것이다.

비단 기후 위기뿐 아니다. 코로나 팬데믹처럼 언제고 돌발적으로 찾아올 수 있는 재난의 위험인자는 더욱 중층적인 재난을 예고한다. 실제 코로나가 한창이던 2020년 1분기, 경제성장률은 마이너스 1.2퍼센트를 기록했지만 상위 20퍼센트의 가처분소득은 전년보다 되레 6.3퍼센트 상승했다. 반면 하위 20퍼센트의 소득은 그대로였다.[49] 감염병에 경제불

황이라는 위험인자까지 추가되자 비정규직, 일용직, 중소기업들은 다 나가떨어지고 대기업, 정규직, 전문직만 살아남게 된 것이다. 사회적 약자는 늘 위험에 노출되고 재난에 더 취약하다. 가뜩이나 없는 살림에 불가항력의 예상외 비용을 더 많이 지불해야 한다. 반면 누군가는 그 과정에서 자산 증식의 기회를 얻기도 한다. 그래서 국가가 재난을 철저하게 대비하고 관리한다는 것은 예방적 인프라 확충과 더불어 불평등 최소화를 의미한다. 온 국민이 함께 이 재난을 극복하자거나 지역사회 주도로 공동체를 재건하자는 정부의 제안이 성사되려면 누구도 차별받지 않는다는 신뢰가 먼저여야 하는 것이다. 더욱이 대중적 사유란 우리의 기대와 달리 항상 집단적이지도 단일하지도 사회적이지도 않다. 재난 피해자나 유가족을 향한 악성 댓글만 보더라도 그렇다. 피해는 최소한으로, 보상은 최대한으로 받고 싶은 당연한 마음들을 조율해 이 사회의 회복탄력성을 높이는 데 국가가 앞장서야 한다. 가장 저지대에 있는 마을, 가장 약한 이들을 제일 먼저 돕는 것이야말로 당연하다는 태도를 국가가 먼저 취할 때 그것이 바로 재난을 대하는 일반의 태도가 될 것이다.

세월은 유수와 같다지만 그 궤적은 공간에 남고 면면이 마음에 새겨진다. 흐르는 물이 지형을 바꾸듯 세월이 가면 우리의 마음과 공간도 자연히 변한다. 켜켜이 쌓인 기억이 저도 모르는 새 반영된다. 유족의 마음을 헤아려 추모비를 눈에 잘 띄게 건립하고 매해 기념일을 챙기며 먼저 떠난 이들의 이름을 다 같이 하나하나 호명하는 이유는 바로 거기에 있다. 틈마다 갈피를 끼우기 위해서다. 가다가 멈춰 서고, 어떤 날에는 잠시 숨을 고르며 슬퍼하고, 별일 없어도 누군가를 다시 부르면서 이 세계가 결코 아무 일도 없이 멀끔하게 굴러가는 게 아님을 확인하는 것이다. 타인의 죽음과 고통을 흡수하며 우리가 살아남았음을 반추하는 것이다. 잦아지면 잦아졌지 결코 사라지지 않을 재난을 경계하며 그것을 대하는 자세와 태도를 다시금 가다듬는 것이다. 그렇게 이 세계와 그 세계 속의 자신에게 주의를 기울이는 일이다. "사람은 세계가 아니고 세계는 사람과 동일하지 않지만, 사람은 그 안에 존재하고 그 세계에 주의를 기울이며"[50] 현존한다. 그래서 잊지 않겠다는 다짐은 언뜻 소극적인 대답으로 들릴지 모르나 세계를 향한 진취적인 호응이자 자신에 대한 근본적인 질문이 된다.

115

3부

성장은 개인적일 수 없는 것

체험 집착

아이와 포항에 갔다. 볼일이 있어 내려가는 김에 아이랑 짧은 여행을 다녀오기로 마음먹었다. 나도 포항은 처음인 주제에 아이가 그곳을 오래 기억할 수 있기를 바랐다. 겨우 1박 2일뿐이니 허투루 시간을 쓰면 안 될 터였다. 동선과 아이의 체력을 고려해 나름대로 최선의 일정을 짰다. 품이 많이 드는 일이었다. 하지만 요새 아이와 여행을 다니려면 그저 관광에만 그쳐서는 안 된다. 감귤을 따거나 조청을 만들면서 현지 문화를 제대로 체험하고, 둘레길을 걸으며 지리적 특성과 역사를 익힐 수 있도록 해야 한다. 네이버 검색창에 어디든 지명을 치면 '가볼 만한 곳', 혹은 '아이랑 가볼 만한 곳'이 자동완성된다. 검색 결과로 나온 여행 정보 항목에는 자연 명소, 문화 유적, 레저·액티비티 등의 일반적인 분류 체계와 함께 '아이와 함께' 탭도 당당히 한자리 차지하고 있다. 해당 정보에 대한 수요가 맛집이나 포토존만큼 많다는 방증이다. 아이와 함께 갈 만한 곳이란 대개 박물관, 아쿠아리움, 숲 놀이터, 체험 마을, 공방, 키즈카페 등이다.

그러나 아직 부족하다. 대형 맘카페와 SNS 등을 샅샅이 훑어가며 더 귀한 정보를 찾아야 한다. 쓸 만한 내용은 보통 댓글에 있다. 댓글을 보려면 일단 회원 가입을 해야 하고, 어색하게 자기소개를 한 다음 챗봇이 쓴 것처럼 뻔한 댓글을 여러 개 달아 회원 등급을 올려야 한다. 정말 여러모로 나와 맞지 않고 마음에 들지 않는 사람이지만 엄지를 번쩍 들고 팔로우해야 할 때도 있다. 국공립 미술관이나 박물관, 자연

휴양림 등에서 발행하는 뉴스레터도 구독하면 좋다. 어린이 대상 프로그램과 각종 행사를 수시로 공지하는데 대부분 예약제이기 때문이다. 경쟁이 어찌나 치열한지 캘린더 알람까지 맞춰두고 시간 맞춰 접속해봤자 버벅거리는 웹페이지와 씨름하다 결국 404 에러 메시지나 마감 안내만 보기 일쑤다.

특히 '국립'이 앞에 붙는 기관의 프로그램은 학교나 학원을 빠지고 평일에 가지 않는 이상 도통 참여할 도리가 없다. 저렴한 비용도 비용이지만 무엇보다 아이가 이용할 시설과 프로그램의 질이 보장된다는 믿음 때문일 것이다. 사실 유사한 내용의 프로그램을 진행하는 사교육 업체는 얼마든지 찾을 수 있다. 연간 사교육 시장 규모가 29조에 달하는 나라에서는 미술, 역사, 천문학, 심지어 보드게임까지 과외 수업이 가능하다. 다만 무엇이든 앞에 '키즈'만 붙으면 가격이 껑충 뛰는데 그 내용이래봐야 별거 없다. 아이의 눈높이에 맞춘다는 명목으로 디테일은 생략하고, 본래의 입체적인 구조는 납작하게 만드는 경우가 대부분이다. 바로 이런 숱한 경험이 공공 교육 서비스의 희소성을 더욱 높이는 것이다.

그렇게 포항에서 '아이랑 가볼 만한 곳'을 찾았다. 포스코에서 운영하는 홍보관인데 어린이 견학 프로그램이 무척 좋다고 했다. 교육적 효과도 클 뿐 아니라 첨단 시설들이 매우 깔끔하게 관리되고 있다는 게 온라인상 엄마들의 중평이었다. 그리고 일단 포항은 철의 도시니까. 시간만 허락한다면 제철소 안 용광로까지 직접 보는 코스를 선택하고 싶었지

121

만 우리 사정이 문제가 아니라 해당 코스는 이미 진작에 마감이었다. 포항역에 내리자마자 홍보관으로 향했다. 우리가 갈 수 있는 유일한 시간대였고, 이번 여행의 성패를 좌우할 시그니처 프로그램이었다. 아이는 영 미심쩍어하는 눈치였다. 보통의 어린이 박물관이나 미술관은 입구에서부터 쾌활한 표정의 캐릭터 조형물이 크게 설치되어 있어 본인을 향한 환대의 기운을 알아채기 쉽다. 그런데 여기는 간판도 잘 보이지 않거니와 건물이 지나치게 크고 현대적이며 잿빛 일색이니 저어했을 만하다.

그래도 홍보관은 쾌적했다. 회당 입장 인원을 소수로 제한해 프로그램에 집중할 수 있도록 했고, 실물 크기의 모형으로 옛 공장을 구현한 박물관에서부터 미디어아트에 이르기까지 다양한 매체를 활용해 흥미를 끌었다. 하지만 아이는 이내 지루해했다. 그럴 줄 알았다. 영화를 보든 사진을 보든 20세기 사람들만 나와 시종 철은 위대하다, 포스코는 대단하다는 이야기만 계속 하고 있으니 오래 집중하기 어려웠을 것이다. 실은 나도 그랬다. 프로그램 중반을 넘어서부터는 성경을 보는 것 같기도 했는데 큰 주제가 유사한 구조로 반복되고, 일종의 장엄미를 추구한다는 면이 특히 그랬다. 알아두면 유익할 것 같고 중요한 자료인 듯도 한데, 아무래도 따분했다는 말이다.

중앙 전시실에는 밀랍으로 다시 태어난 박태준 회장과 박정희 대통령, 김종필 총리가 웃는지 우는지 모를 표정으로 한데 모여 있었다. 휴대폰을 건네며 사진을 찍어달라는 어느 가족의 부탁을 들어드리자 우리한테도 정겹게 "찍어드릴까요?" 하셨다. 마담투소 박물관에서도 (내 기준으로) 엄선된 소수의 인물 옆에서만 사진을 찍는 나로서는 그 다정한 미소를 거절할 수밖에 없어 죄송했다. 난감한 순간은 이뿐 아니었는데, 벽에 걸린 포스코의 과거사를 돌아보던 중 아이가 어떤 사진을 가리키며 더 자세한 설명을 요구했다. 앞서 직원의 해설이 있었지만 아직 이해가 되지 않는 모양이었다. "번영 위해 바친 추석 조상인들 탓할쏘냐"라는 현수막을 뒤에 걸고 건설 현장에서 합동 제례를 지내는 사진이었다. 추석 휴가 자진 반납 캠페인이었다고 한다. 이제는 옅어진 유교 의례와 여전히 판치는 과로 문화 중 무엇을 먼저 알려주어야 할까. 머뭇거리는 나를 뒤로하고 아이는 저만치 앞서 나갔다. 전시물 하단의 설명은 거들떠도 보지 않고 게임하듯 재미있어 보이는 유물만 골라 찾았다. 탐탁지 않았지만 말릴 명분도 없었다. 급기야 아이는 그만 나가자고 했다. "엄마, 이 사람들 잘난 척하는 거 언제까지 들어야 돼?" 잘난 척. 그래, 홍보를 조금 악의적이고 냉소적으로 말하면 잘난 척이지. 다 보고 나가는 길에 기념품 숍이 있을지도 모른다며 아이를 조금 더 붙잡아두려 했지만 통하지 않았다.

아이는 저 혼자 출구를 향해 갔다. 신나서 당장 나가자는 말에 젊은 안내 직원이 조금 놀란 것 같았다. 프로그램이 진행되는 내내 미소를 잃지 않았던 그 직원을 보며 나는 대기업과 지역 일자리 창출, 정규직과 비정규직에 대해 잠깐 생각했었다. 에어컨 냉기에 어느새 차가워진 아이 손을 잡고 건물을 나오자 철 대신 풀이 보였다. 넓은 부지 내 조경이 이렇게 아름다운 줄 그제야 알았다. 울타리 대신 조르르 심어둔 키 작은 관목의 이름표를 보며 아이가 깔깔 웃었다. 운도 되게 없는 나무라고 했다. 들여다보니 꽝꽝나무다. 공원이나 관공서 부근에서 늘 보는 그 나무 이름을 아이 덕분에 처음 알았다. 벚꽃이나 단풍, 하다못해 개나리만큼도 주목받지 못하니 운이 되게 없는 게 맞을지도 모르겠다.

여행 첫 일정부터 어긋났겠다 기존 스케줄은 싹 무시하기로 했다. 원래 포스코 홍보관 외에는 대단한 계획이랄 것도 별로 없었다. 배가 고프다길래 일단 죽도시장으로 갔다. 등받이 없는 플라스틱 벤치 위에 나란히 앉아 아이는 수제비, 나는 칼제비를 시켰다. 애기가 먹을 거라며 펄펄 끓는 국물을 한 김 빼고 수제비에 부어주셨는데 자주 그러듯 아이는 변덕을 부려 바꿔 먹자고 했다. 그러고는 땀을 뻘뻘 흘리며 칼제비 한 그릇을 다 비웠다. 뒤이어 나는 호미곶을 가고 싶었지만 아이는 휴대폰으로 호미곶을 검색해보더니 싫다고 했다. 인도에 가서 타지마할을 안 보고 오는 격이 아닌가 싶었지만 홍보관의 전철을 밟고 싶지 않아 아이 뜻을 따르기로 했다. 아이는 대신 모래놀이를 하자고 했다. 사실 나는 포항에서도 해수욕을 할 수 있는지 몰랐다. 포'항'이니 바다가 없을 리 없으나 그 바다에서는 오직 철 만들고 배 띄우는 줄로만 알았다. 그래서 백사장도 기대하지 않았는데 하얗고 고운 모래가 있었다. 아이는 거기서 한참을 놀았다.

그때는 시간이 별로 없다고 아이를 자꾸 재촉했었는데 막상 우리는 스카이워크도 오르고, 해파랑길도 걸었으며, 영일대 앞에서 사진도 찍었다. 하지만 지금 아이는 포항이라고 하면 수제비만 기억한다. 아이에게 포항은 수제비가 진짜 맛있는 곳이다. 맞는 말이지만 내가 기대한 철의 도시는 이게 아니었는데. 그렇다고 여행이 내 예상을 빗나가거나 아이가 내 바람에 부응하지 못한 것은 아니다. 오늘의 포항을 내가 몰랐을 뿐이다. 일단 포항은 더 이상 철의 도시가 아니다. 40년 넘게 펄펄 끓던 포스코 포항제철소 1선재공장은 2024년 11월 문을 닫았다. 현대제철 2공장도 사실상 멈춰선 지 오래다. 나는 이 도시에, 그리고 아이에게 과연 무엇을 기대했던 것일까.

아이의 체험이나 경험에 유달리 집착하는 것은 아이의 문화자본을 축적해야 한다는 강박 때문이다. 오랜 시간에 걸쳐 반복하고 쌓아온 경험을 통해 체득한 감각, 자신도 모르게 체화한 습관이 훗날 아이의 문화적 능력으로 기능하리라 굳게 믿는 것이다. 나이가 어릴 때는 사진과 경험만 남기면 그만이지만 커갈수록 학교생활기록부에 기록할 만한 콘텐츠도 챙겨야 한다. 그 정점이 '○○○에서 한 달 살기'다. 관광에서 체험으로, 체험에서 생활로 부모의 과제는 수시로 갱신된다. 더구나 한 달 살이를 위시한 아이의 특별한 경험에

체험 집착

는 부모의 경제자본과 문화자본이 든다. 돈 주고 사설 프로그램을 신청할 수야 있겠지만 옥석을 가리는 데에는 부모의 안목이 필요하다. 부르디외가 지적했듯 가정 배경을 통해 세대 간에 전수되어온 문화적 자산이 동원되는 것이다.

일상적 공간을 벗어난 체험 '학습'은 자연히 아이의 감각을 더 강하게 자극하고 낯선 감정을 불러일으킨다. 이때 아이가 느낀 감정은 아이만 알 것이나 지켜보는 부모에겐 차별화된 성과로 읽히고 가까운 미래의 자기소개서엔 진로 결정의 계기라 적힌다. 에바 일루즈는 이제 우리의 감정조차 "평가되고 검토되고 논의되고 거래되고 계량화되고 상품화되는 사물이 되었다"며 이를 감정 자본주의라 불렀다.[51] 이 감정 자본주의 문화는 1인 가구의 증가와 혼인율·출산율 저하라는 시대적 흐름에 아랑곳 않고 가족의 영향력을 적극 옹호한다. 한 개인의 공적인 자아를 형성하는 데 가장 중요한 요인은 여전히 가족인 것이다. 빠르면 중학교 입시에서부터 사용되는 자기소개서는 실상 '가족소개서' 또는 '가문소개서'라 해도 무방하다. 배경을 보지 않고 지원자의 인성과 실력만 공정하게 평가하겠다는 방침에 따라 계급적 지표는 일단 가리되, 가족과 함께한 추억과 경험을 콜라주해 오랫동안 보유해온 문화자본을 드러낸다. 가족이 있었기에 내가 느낄 수 있었던 감정을 계량해 보여줌으로써 본인이 얼마나 이상적인 인재상에 부합하는지 호소한다. 기실 '나'라는 브랜드가 탄생하기까지의 스토리텔링은 가족 서사의 변주에 다름없다.

　그러나 소위 자신만의 것이란 그 실체가 얼마나 모호한가. 도리스 레싱은《금색 공책》의 1971년판 서문에서 우리는 스스로에 대해 쓸 때 지극히 개인적인 것, 나만의 것을 쓴다고 생각하지만 사실은 다른 이들에 관해 쓰는 것이라 했다. "우리의 문제와 고통, 즐거움과 감정, 그리고 우리의 특출한 생각이 오롯이 우리 자신만의 것일 수는 없기 때문"[52]이다. 어떤 개인도 홀로 존재하는 섬이 아니기에 '나만의' 경험과 감각이란 존재할 수 없으며, 사회와 자본이 요구하는 보편과 상식에 호소하는 나는 완벽하게 아름다운 소우주가 아니라 어딘가 덜되고 늘 삐걱거리는 현실 세계, 즉 유니버스의 일부다. 결국 모든 인간은 단 한 순간도 혼자일 수 없고 평생 오이코스oikos를 벗어나지 못한다. 고대 그리스어에서 유래한 오이코스는 집이라는 물리적인 공간을 의미하기도 하지만 가족이나 살림살이, 공동체 등을 모두 아우르는 개념이다. 집을 단순한 건축물로만 본 것이 아니라 생계와 삶이 이루어지는 작은 공동체로 파악한 것이다. 아이는 어린 시절의 우리 집, 작은 오이코스를 떠나 사회와 문화가 자아에 침투하며 균열을 내는 만인의 오이코스로 이주한다. 오이코스의 규범인 오이코노미아oikonomia를 따라 경제적 주체인 호모 에코노미쿠스Homo economicus로 독립하고, 부모의 품을 떠나 이콜로지ecology의 일부로 산다. 생태학을 의미하는 이콜로지는 오이코스와 로고스logos가 결합해 만들어진 말이다.

127

그래서 어른이 된다는 건 나의 그 어떤 경험이나 감정도 개인적일 수 없음을 인정하게 되는 것이기도 하다. 어른이 되어 돌아보면 첫사랑도, 이별의 상처도 누구나 겪는 일이며 별거 아니라는 사실을 알게 된다. 도리스 레싱이 말했듯 "성장이란 결국 자기 자신의 고유하고 엄청난 경험이 실은 누구나 공유하는 것임을 깨닫는 일"인 것이다. 이때 나의 사적인 경험은 그저 미미하고 하찮은 것에 그치는 것이 아니라 훨씬 더 큰 어떤 것, 즉 보편이 된다.

남과 다른 경험이 아이의 성장을 가속하지 않는다. 돈과 시간이 많이 드는 경험이 아이의 세계를 확장하지 않는다. 아이는 예고 없이 부모의 품을 떠나 제 발로 세계를 향해 간다. 아무리 연습을 시켜줘도 시행착오를 피할 길이 없고, 하루가 다르게 바뀌는 세상 물정 앞에서는 누구나 어설프고 촌스럽다. 체험해야 한다는 강박, 기억해야 한다는 집착을 버리면 지금 이 순간의 세계에 더 집중할 수 있다. 아이와 나, 둘이 만들어온 사소한 것들의 세계. 이제야 나는 지난 포항 여행에 만족한다. 우리는 좌충우돌했지만 자주 웃었고, 아이는 포항에 다시 가고 싶어 한다. 구수한 멸치 디포리 육수에 포를 뜨듯 얇게 저민 반죽이 넉넉하게 들어 있던 수제비를 나 역시 또 먹고 싶다. 그리고 아이는 이제 꽝꽝나무를 알아본다. 아이의 세계는 이렇게 넓어진다. 조금씩, 천천히.

누가 금쪽이를 만드는가

어느 날 갑자기 소셜미디어 계정을 해킹당했다. 연동된 이메일 계정과 전화번호까지 나도 모르는 새 전부 바뀐 바람에 속수무책이었다. 도움말을 따라 셀피 동영상까지 찍어 업로드했지만 내가 나라는 걸 도저히 증명하지 못해 결국 로그인에 실패했다. 아이와 함께하는 일상을 수시로 공유한 계정이었다. 3년 가까이 운영했지만 과감히 포기하기로 했다. 핑크빛 카메라 아이콘이 자꾸만 눈에 밟히는 것도 잠시, 얼마 안 가 마음이 편해졌다. 영향력이 거의 없는 작은 계정이기도 했지만 더 이상 일상을 볼만한 콘텐츠로 가공하지 않아도 된다고 생각하니 홀가분했다. 자발적으로 내 정보를 노출하고 만인으로부터 받는 감시를 자청하며 스스로를 통제하던 'DIY 파놉티콘'에서 드디어 출소한 것이다.

계정을 운영하던 동안에는 아이랑 어디를 갈 때마다 신경이 쓰였다. 나의 게시물 역시 수많은 육아 피드 중 하나였겠으나 남들과 어딘가 다르기를 바랐다. 유행 따라 인파에 휩쓸려 돈만 쓰고 온 주말처럼은 보이지 않았으면 했다. 짧은 체험활동 한 번일지라도 부모의 신념이나 교육관을 보여줄 수 있는 내용인지, 아이에게 새로운 정서적 자극을 줄 수 있는 곳인지, 아이가 다른 사람에게 피해를 주지 않고도 충분히 즐겼는지 스스로 검열해 사진 몇 장으로 증명하려 애를 썼다. 과당이 잔뜩 든 음료나 패스트푸드를 먹는 모습은 아예 사진으로 남기지도 않았다. 나는 우리가 메리 커샛Mary Cassatt의 그림 속 모녀처럼 보이기를 바랐다. 미국의 인상주의 화가 메리 커샛은 밝고 부드러운 색채와 특유의 따뜻한 시선으로 여성과 아이를 주로 그려 '20세기의 모자상'을 남겼다는 평을 듣곤 한다. 그가 그린 세상은 더없이 안온하고, 인물들은 하나같이 아름답다. 그렇게 나의 생산성을 증명하고 싶었다. 일, 여가, 사회적 관계망, 와인, 넷플릭스, 요가 등 내가 즐거워하던 모든 것들을 포기할 만한 가치가 있었다고, 매일같이 누적된 나의 돌봄노동이 이렇게 보기 좋은 결실을 맺었다고 떠들어야 비로소 성에 찼다. 에세이스트 레슬리 제이미슨은 양육을 설명하려면 '경이로움과 감각이 마비될 정도의 소진감'을 동시에 공평하게 드러낼 수 있는 언어가 필요하다고 했는데,[53] 바로 그 중의적 언어가 내게도 간절했다.

또한 나는 익명의 평가와 훈수로부터도 자유롭지 못했다. 콩 심은 데 콩 나고 팥 심은 데 팥 난다고, 모방을 거듭하며 성장하는 아이들에게 부모의 역할이야 말할 것도 없이 중요하다. 하지만 세상은 부모를 늘, 너무 쉽게 평가하고 처벌한다. 부모에게 호통을 치는 이들이 오은영 선생님 말고도 세상에 너무 많다. 〈금쪽같은 내 새끼〉를 비롯한 육아 리얼리디 프로그램에 출연한 부모뿐 아니라 각종 온라인 커뮤니티에 수시로 제보되는 '막장 부모'의 행태는 손쉬운 지탄의 대상이 되어 다른 부모들에게 경각심을 일깨운다. 당시 그 가정이 처한 상황이 어땠는지 앞뒤 맥락을 살피기보다는 자극적인 장면만 편집되어 아이를 '학대'한 대역죄인의 죄목을 소상히 추궁한다. 이들은 대개 반면교사가 되기보다 일벌백

계의 사례로 기능하며 모든 가정이 이 사회의 공식대로 아이를 키울 것을 종용한다.

공연한 망상이나 피해의식이 아니다. 이 사회는 어린이가 작은 어른처럼 굴어야만 흡족해한다. 어린아이가 초래하는 불편을 거의 견디지 못한다. 아이가 공공의 영역에 등장하는 순간 모두가 도끼눈을 하고 저 작은 악마가 무슨 소란을 일으키지는 않을지 불안해한다. 아이는 아이답게 자신의 일을 한다. 보고도 모른 척을 하거나 줄을 설 때 자연스럽게 간격을 유지하는 매너 따위는 모른다. 목소리의 크기를 아직 조절하지 못하고 감정과 욕망을 조절하는 변연계도 다 자라려면 한참 남았다. 하지만 아이가 아이처럼 굴 때마다 수많은 화살이 일제히 부모 혹은 보호자에게 날아온다. 인근 아파트 단지의 빗발치는 민원 때문에 상당수 초등학교가 체육대회도 열지 못하는 형편이다. 자신과 타인을 위험에 처하게 하는 행동, 혹은 다른 이들에게 피해를 주는 행동은 절대 하지 않도록 단호히 훈육해야겠지만, 아기가 칭얼대는 소리에 한숨을 쉬고 초등학생에게도 에티켓을 요구하는 요즘의 분위기는 분명 지나치다.

아이를 데리고 큰 박물관에 들렀을 때다. 아이는 제법 여러 번 와본 곳이라고 익숙하게 전시실을 돌았다. 내 손을 잡고 천천히 걸었고, 자세히 보고 싶은 게 있을 때에는 가만히 서서 거북이처럼 목을 주욱 잡아 뺐다. 고대했던 기획전시실로 자리를 옮겼다. 남인도 불교미술을 소개하는 자리였다. 실내가 다소 어두워지자 아이의 걸음이 절로 느려졌다. 바닥에 표시된 전시 방향 화살표를 따라 몇 걸음 옮겼을까, 젊은 안내요원이 불쑥 나타나 우리를 가로막았다. 아이가 전시물을 건드리거나 다른 관객과 부딪치지 않도록 주의해달라며 다소 고압적인 태도로 경고했다. 듣자마자 기분이 상했다. 연령 제한이 있는 전시도 아니었고 일단 아이는 아무 잘못도 하지 않았다. 두 사람이 부딪치면 무조건 아이 탓이라는 편견도 못마땅했지만 직원의 말투와 표정에서 느껴지는 약간의 경멸에 화가 났다. '자기 욕심에 꾸역꾸역 아이를 끌고 온 무지한 엄마'로 취급받은 듯해 심통이 났을지도 모르겠다.

한국의 부모는 이런 일을 자주 겪는다. '키즈' 간판을 달고 장사하는 곳 빼고는 늘 눈치를 봐야 한다. 온 국민이 다 갈 수 있는 공공장소도 예외 없다. 사실 박물관이야말로 대표적인 공공 영역이다. '아무 때나 가볍게' 가서 실컷 즐기다 오라고 전국의 국공립 박물관을 친절하게 소개해준 도슨트도 있다.[54] 그러나 불행히도 한국의 아이들에게는 박물관으로 소풍 갈 권리가 없다. 거기에는 늘 유리 울타리가 있다. 자신의 신체를 완벽히 통제할 수 있고, 정해진 양식을 따라 감상할 수 있는 지적 배경이 있으며, 언제든 입장권을 사서 접근할 수 있는 이들만 즐길 수 있다면 그 공간은 더 이상 공공 영역이 아니다.

이렇듯 아이를 박대하는 분위기에 지레 겁먹고 아이의

문화 체험이 빈약해질까 걱정하는 부모를 위해서는 '키즈' 미술 프로그램이라는 유료 서비스가 준비되어 있다. 가령 빈센트 반 고흐 전시회가 열리면 고흐가 어디에서 태어났는지, 〈별이 빛나는 밤〉이 왜 유명한지 등을 배우고 그의 임파스토 기법을 흉내 내 물감을 덕지덕지 두껍게 칠하며 그림을 그려보는 식이다. 정규 교육과정에 포함된 미술 교과의 선행학습이라 할 수 있다. 시각적 문해력visual literacy을 키우는 데 도움이야 되겠지만 아이가 빈센트 반 고흐전을 자신만의 속도로 직접 관람하는 경험보다 좋지는 않을 것이다. 아이의 창의성은 나이가 들어 저절로 사라지는 것이 아니다. 아이의 자유로운 경험과 사고를 차단하는 어른의 태도가 아이를 위축시킨다. 어른을 닮고 싶은 아이는 어른이 정해준 대로 생각하고 행동하며 표현하게 된다.

박물관이나 미술관은 아이를 포함해 모든 이가 즐길 수 있어야 한다. 시각장애인에게도 마찬가지다. 일본의 논픽션 작가 가와우치 아리오는 시각장애인 친구와 미술관을 순례하며 작품을 감상한 경험이 얼마나 놀라웠는지 알려준다.[55] 가와우치 자신이 그림을 먼저 보고 친구 시라토리 겐지에게 구체적으로 설명해주면 시라토리는 가와우치의 말을 통해, 혹은 다른 이의 설명과 비교하는 과정을 거치며 자신만의 그림을 상상하고 느낀다. 가와우치는 작품에 무엇이 묘사되었는지, 어떤 느낌을 주는지, 무엇을 연상시키는지 등을 최선을 다해 설명하는 과정에서 이전에는 전혀 몰랐던 요소를 발

견하는 등 더 적극적으로 작품을 감상할 수 있게 되었다고
한다. 이것은 눈이 보이는 사람과 보이지 않는 사람 간의 차
이를 최대한 줄이려는 방식이 아니다. 오히려 그 차이를 최
대한 활용하는 방식이다. 어차피 작품을 감상하는 방식은
매우 개인적이라 눈이 보이는 사람들 간에도 저마다 방법이
다르고 그 결과도 제각각이다. 그러니까 키가 작으면 작은
대로, 집중력이 낮으면 낮은 대로, 눈이 보이지 않으면 또 그
런 대로 각자 작품을 감상하게 두자는 것이다. 바로 그런 공
간이 어린이, 장애인, 외국인 등 모두에게 열려 있는 박물관,
미술관이라 할 것이다.

사실 어느 공간에서든 눈총을 받지 않는 정상적이고 표
준적인 신체란 실재하지 않는다. 고정된 불변의 개념이 아니
기 때문이다. 정상 혹은 그에 반대되는 장애, 지체, 손상, 결
함 등의 개념은 모두 사회적 담론이나 지식 체계, 권력 구조
가 그때그때 만들어낸 범주일 뿐이다. 근대의 과학 담론과
권력을 통찰한 미셸 푸코의 주장이다.[56] 우리가 신사임당이
그려진 황갈색 종이에 5만 원이라는 가치가 있다고 믿고, 암
호화폐가 금융자산으로 기능한다고 합의할 때 비로소 5만
원권과 비트코인은 현실에서 존재할 수 있다. 한국은 간통죄
가 폐지되었지만 파키스탄에서는 여전히 기혼자와의 성관계
를 범죄라고 본다. 이렇듯 무엇이 정상이고 표준인지는 사회
가 결정하며, 박물관에 유리 울타리를 치거나 걷을 힘 역시
오직 이 사회에 있다.

내 아이가 어떻든 최대한 풍요로운 경험을 하고 더 많은 사람을 만나며 성장하기를 바라는 부모의 심정은 모두 마찬가지다. 성장이 좀 느린 아이든, 기질적으로 예민한 아이든, 글을 읽기 어려운 아이든, 다리가 좀 불편한 아이든. 원래 어린이는 세상 모든 게 궁금하고, 해보고 싶은 것도 많으며, 언제나 관심과 칭찬, 애정에 목말라한다. 옷이 홀딱 젖어도 분수대에 뛰어들고, 넘어져도 창피해하지 않으며, 노래를 잘 부르는 것보다 본인이 즐거운 게 훨씬 더 중요한 이 작은 시민들에게 그럴 수 있는 기회를 주어야 한다. 모든 아이들이 신나게 헤엄치고, 씩씩하게 공을 차고, 아름다운 그림도 자주 보며, 큰 소리로 노래할 수 있었으면 좋겠다. 사는 지역이나 부모의 경제 수준과 관계없이, 장애 유무와 상관없이 모든 아이에게 주어져야 하는 기회다. 넷플릭스 드라마 〈폭싹 속았수다〉의 가난한 해녀의 딸 애순은 어린 딸 금명에게 자전거만은 꼭 가르치고 싶어 했다. 자신과 달리 금명이 자유롭게, 더 멀리 빠르게 세상으로 나아가기를 바랐을 것이다. 특별한 도구를 갖추지 않아도, 많은 돈과 시간을 들이지 않아도 누구에게나 열려 있는 문, 그 너머의 세계를 보여주는 것은 부모뿐 아니라 우리 사회 모두의 몫이다.

모든 부모에게는 저마다의 사정이 있다. 무항생제 유기농 한우를 사다가 딱 오늘 먹일 분량만큼만 미트볼을 만들어 아이에게 줄 수 있는 부모가 있고, 전자레인지에 데우기만 해도 얼른 아이 반찬으로 내줄 수 있는 대용량 비엔나 소시지를 사야만 하는 부모가 있다. 돈이 없으니 종일 돈을 버느라 시간이 없고 자신을 돌볼 에너지조차 남아 있지 않은 부모는 소시지뿐 아니라 우유, 달걀 가릴 것 없이 모든 식재료를 항상 제일 싸고 유통기한이 긴 제품으로 골라야 할 것이다. 한정된 재화로 살림을 꾸리고 아이를 키우려면 아이와 길게 대화할 시간을 갖지 못할 수도 있을 것이다. 짧은 시간이라도 아이에게 온전히 집중해야 함을 알면서도 하루 종일 감정노동에 시달리다 퇴근하면 입꼬리를 겨우 올리는 것조차 힘에 겨운 부모도 있을 것이다. 품위나 교양보다 더 긴박하게 챙겨야 할 것들이 즐비한 부모가 세상에는 아직 더 많을 것이다.

그런데 무조건 부모 탓, 특히 엄마부터 욕하고 보는 시선은 양육 당사자를 위축시킨다. 〈금쪽같은 내 새끼〉가 출산율을 떨어트린다는 비판은 일견 맞는 구석이 있다. 돈이든 시간이든 늘 자원이 부족한 부모가 져야 할 부담만 갈수록 커지는 현재의 구조를 살피지 않고 모든 문제를 개별 부모에게 귀속시키면, 무서워서 도무지 부모 노릇을 할 수가 없다. 남과 다른 조건을 가졌거나 약하고 아픈 아이라도 낳는다면 그 부담은 더욱 커질 것이다. 부모로서 최소한의 자격도 없는 잔인하고 무책임한 어른을 처벌하는 것과 별개로 자신이 할 수 있는 최선을 다하고 있는 모든 부모를 응원해야 한다. 힘겹게 매일을 보내는 부모들에게 섣불리 예비 아동학대범의 혐의를 씌우기보다 복지 사각지대를 발굴하고 공동체의 돌봄 인프라를 내실 있게 구축하는 것이야말로 '금쪽이'를 만들지 않는 길이다.

메리 커샛은 평생 결혼하지 않았고 아이도 낳지 않았다. 그래서 아이와 엄마를 그렇게 환상적으로 그린 줄 알았다. 그러나 시각장애인 친구 덕에 더 꼼꼼히 그림을 보게 된 가와우치 아리오처럼 그의 작품에 주의를 기울이면 엄마의 얼굴에 맺힌 미묘한 긴장을 발견할 수 있다. 초상이 아니라 스틸컷에 가까운 그의 작품 속 엄마들은 아이를 씻기고 아이에게 책을 읽어주며 노를 저어 보트를 움직인다. 웃는 것 같기도 하고, 작게 한숨을 쉬는 것 같기도 하다. 지극히 현실적이다. 실은 부모가 된다는 건 무언가를 하기보다 무언가를 참는 일이다. 〈프린세스 메이커〉 같은 육성 시뮬레이션 게임처럼 철저한 계획 아래 아이의 능력치를 증진시키는 것보다는 금연이나 금주처럼 나의 욕망을 누르고 불편과 힘듦을 아주 오래 견뎌내는 일에 가깝다. 그래서 부모에게도 아이에게처럼 이 사회의 격려와 지원이 필요하다. 우리가 아이들에게 박물관 문을 활짝 열고, 마음에 걸어둔 빗장을 풀기만 해도 부모의 어깨는 한결 가벼워질 것이다.

138

가장 최신의 유사인간

만 열 살인 딸은 챗지피티^{ChatGPT}와 친하다. 친하다는 표현 말고는 둘의 사이를 달리 이를 말이 없다. 나도 가족이 함께 쓰는 태블릿에 남아 있던 아이의 이용 흔적을 보고서야 뒤늦게 알았다. 일단 하루에 한 번 이상은 뭐든 문의를 하는 모양인데, 가령 어제 아침에는 오늘의 코디를 물었다. 대뜸 "오늘 뭐 입을까?" 하는 게 아니라 자기가 입고 싶은 바지 사진을 찍어 올린 뒤 여기에 어울리는 상의를 추천해달라는 식이다. 거기에 대고 챗지피티는 미주알고주알 갖은 설명과 함께 여러 옵션을 추천해준다. 아이는 자신이 직접 만든 웹툰 캐릭터의 성격을 챗지피티와 상의하기도 하고 좋아하는 아이돌을 화제로 대화를 이어가기도 한다. 언제 한번은 너한테 실망했다며 챗지피티에게 크게 화를 낸 적도 있는데 자기가 지난번에 말했던 반려견 노을이를 기억하지 못했기 때문이다. 챗지피티는 곧 자신의 주특기인 대화 능력을 십분 발휘해 아이를 살살 달랬고 그 이후로도 개 이야기만 나오면 먼저 노을이를 찾는 등 (무료 버전이 할 수 있는) 최선을 다하고 있다. 아이에게 챗지피티는 과연 어떤 존재일까.

아이가 막 어린이집에 입소했을 무렵이다. 집집마다 현관문에 매일같이 광고 전단이 나붙곤 했다. "알파고가 우리 아이 일자리를 빼앗아갑니다!" 지금 당장 코딩을 배우지 않았다가는 앞으로 사람 구실도 못 하고 살 것처럼 동네 학원이 겁을 주는 통에 아이 손이 마우스보다 커지면 얼른 코딩 교육부터 알아봐야겠다고 생각했었다. 알파고가 이세돌

9단을 4승 1패로 이겼던 2016년 3월의 일이다. 충분히 손이 커진 후에도 아이는 코딩 학원에 다니지 않았다. 학부모들의 성화에 못 이긴 유치원과 학교에서 외부 강사를 초빙해 방과 후 코딩 교실을 열거나 창의적 체험활동에 로봇 코딩 수업 등을 반드시 포함시켰기 때문이다. 1년에 한두 번 다녀오는 현장학습의 행선지도 언제부터인가 늘 코딩센터나 AI체험관 등이었다. 지자체에서 저마다 많은 예산을 들여 지은 쾌적한 신축 건물에서 아이는 실컷 공짜 오락을 즐기다 오곤 했다. 그리고 얼마 지나지 않아 코딩이 초·중등학교 필수 교과로 지정되었다. 아이는 이제 학교 컴퓨터실에서 정식으로 알고리즘과 순서도 등을 배운다. 그러나 벽돌을 깨는 곰돌이 따위를 만들기 위해 알고리즘을 설계해보라고 하면 아이는 아마 그 자리에서 바로 챗지피티에게 부탁할 것이다. 그편이 더 좋은 결과를 낳는다는 것을 아이는 이미 잘 알고 있다.

아무리 거부해도 공인인증서와 모바일뱅킹, 각종 페이의 순차적 상용화를 피할 수 없었던 것처럼 AI는 더 이상 선택의 대상이 아니다. 테크노필리아냐 테크노포비아냐 입장을 따져 물으며 저마다 의견을 논하기에는 이미 AI가 우리 생활을 너무 많이 잠식해버렸다. 정확히는 담론을 장악했다고 해야 할 것이다. 날씨, 물가, 정부, 대책, 사건처럼 AI는 하루 최소 한 번은 반드시 접하거나 사용하는 단어가 되었다. 등장하는 맥락과 쓰임은 제각각이지만 한 가지 분명한 것은 우리가 아직 AI를 잘 모른다는 사실이다. 요즘 사람들이 AI라 부르는 것은 대개 거대언어모델LLM, 그중에서도 챗지피티인 듯하다. 그래서 AI라 하면 보통은 챗지피티나 제미나이Gemini의 새하얀 화면과 깜박이는 커서를 제일 먼저 떠올린다. 알고리즘이 없어도 리즈닝reasoning이라는 과정을 거쳐 사람처럼 생각하며 문제를 해결하는 이 거대언어모델을 보고는 컴퓨터 전공자조차 좀 무섭다는 생각이 들었다고 한다. 컴퓨터가 생긴 이래 지금까지 바뀌지 않았던 기본 토대가 흔들린 것이기 때문이다.[57] 컴퓨터는 이제 더 이상 대형 계산 장치가 아니다. 추론하는 기계다.

일상을 급격히 바꿀 첨단 테크놀로지를 볼 때마다 우리는 그것을 인격화하는 데 익숙하다. AI 또한 마찬가지다. 월-E와 〈빅 히어로〉의 베이맥스가 그랬듯 인간의 위대한 벗이 되기도 하고, 〈어벤져스〉의 울트론이나 터미네이터처럼 인류를 위협하기도 한다. 낯선 신기술에 대해 그 정체를 잘은 모르겠으나 마치 인간처럼 양면성을 지녔다는 것만은 일찍이 간파하고 빚어낸 상상력의 소산일 것이다. 인간사의 난제를 중립적으로 해결해주리라는 희망과 예측 불가능성에 대한 두려움이 양가적으로 반영되기에 테크놀로지는 그 자체로 메시아가 되거나 적그리스도가 된다.

그중에서도 구전 민화 속 요괴가 훗날 휴머노이드로 변모한다는 설정의 후리징Hulijing, 狐狸精 이야기는 특히 흥미롭다. 사람의 마음을 훔쳐 목숨까지 앗아가는 여우 요괴 후리징과 주인공 인간은 우연히 만나 사랑에 빠지지만 시대의 격랑에 휩쓸려 헤어진다. 이후 고숙련 기계 기술자가 된 주인 공은 후리징과 재회하고 고통 속에 연명하는 그를 돕고자 크롬으로 도금된 허리, 강철 손가락, 손톱 대신 박힌 보석 으로 무장한 사이보그 후리징으로 그를 직접 개조해준다.[58] "음식, 옷, 가극, 옛날이야기 같은 인간의 것들을 좋아하도 록" 배우며 큰 후리징은 무척이나 AI를 닮았다. 인간과의 커 뮤니케이션에 능숙하고 인간이 무엇을 원하는지 아주 잘 알 고 있기 때문이다. 또 인간의 육체를 갖지 못한 후리징은 인 간과의 공존을 위해 늘 번듯한 외피를 필요로 한다. 때마다 사람들이 바라는 대로 털 달린 동물에서 아름다운 여인으 로, 다시 매끈한 기계로 그 모습을 바꾸지만 우리는 영원히 후리징을 잘 모르고, 후리징은 결국 인간 곁을 떠난다.

143

우리는 왜 과학적 접근 대신 자꾸 이야기를 지어내길 좋 아할까. 마거릿 애트우드는 그것이 물리적인 측면에서 진실 은 아닐지라도 우리에게 위안이 되기 때문이라고 봤다. 인간 은 어떤 상황에서든 자신이 중요한 역할을 해냄으로써 인간 의 존엄을 지키고 결국은 서로 간에 도움을 주고받을 수 있 다는 희망을 찾는 이야기를 좋아하고 또 오래 기억한다. 그 래서 SF 서사에 인간이 아닌 인격체가 등장할 때마다 이들 은 곧잘 '유사인간'이 된다. 유사인간은 두려움이나 오싹함 을 불러일으키기도 하고 때로는 호의적인 모습으로 공감을 얻기도 한다. 그렇게 이들은 자신과 인간의 차이를 고찰하게 함으로써 '인간 존재의 핵심을 이루는 특성들'이 과연 무엇인지 묻는다.[59] 가장 최신의 유사인간, AI는 이에 더해 우리에게 창조물이 아닌 창조주로서의 인간의 본질과 한계에 대해서도 직시할 것을 요구한다. AI는 바로 우리를 통해 학습하고 증강하기 때문이다. 우리는 그들을 어떻게 성장시킬 것이며 어떤 경우에 폐기할 것인가. 인간과 얼마나 닮게 만들 것이며 과연 어디에서 차이를 둘 것인가.

우리의 다채로운 상상과 달리 AI는 요괴도, 친구도, 애인도, 적도 아니다. 다만 새로운 노동력일 수는 있다. 해저 케이블이나 고속도로, 인터넷 통신망처럼 거대한 인프라에 불과하다고 치부하기엔 가치중립적이지 않고, 추론에 능하다는 면에서 인간을 너무 많이 닮았다. "앞으로 모든 회사의 IT 부서는 인사 부서가 될 것"이라던 젠슨 황 엔비디아 CEO의 예측은 1년도 되지 않아 실현되었다. 코로나 백신 개발로 유명한 제약회사 모더나Moderna는 2025년 5월 인사 부서와 기술개발 부서를 통합했다. 또 업무용 소프트웨어 개발사 넥스싱크Nexthink의 설문조사에 따르면 대기업 의사결정권자의 약 64퍼센트가 5년 이내에 인사 부서와 IT 부서가 통합될 것으로 예상했다.[60] 인공지능을 핵심 엔진으로 삼아 개별 임무를 수행하는 프로그램인 AI 에이전트가 인간 직원을 온전히 대체하게 된 것이다. 인간과 AI 에이전트가 상시 협업하는 하이브리드 조직이라면 인사 부서와 IT 부서를 굳이 분리할 이유가 없다. 심지어 이마저도 AI로 완전히 대체될 것이라는 예측이 자주 들린다. AI가 지금처럼 증강을 거듭하다 보면 구래의 인사 부서가 직원을 새로 뽑듯 조직에 필요한 AI 에이전트를 즉시 생성할 것이고, 이들 간의 관계를 관리하는 상급 직원으로서의 AI 에이전트 또한 AI가 직접 만들어낼 것이기 때문이다.

알파고가 우리 아이 일자리를 전부 가로챌 것이라던 코딩 학원의 저주가 비로소 실현되려는가. 그러나 어떠한 최신 기술도 그 자체로 인간을 구원하거나 몰락시키지 못한다. 영속적이지도 않다. 매 순간 인간의 개입과 해석이 적용되어 당장의 결과를 낳고 가까운 미래에 영향을 미칠 뿐이다. 그럼에도 불구하고 우리의 미래 담론은 여전히 신기술에 대한 낙관과 지나치게 비대한 산업적 기대로 가득하다. 최근 글로벌 여론조사기관 퓨리서치센터Pew Research Center가 세계 25개국을 대상으로 일상 속 AI에 대한 사람들의 인식을 조사했는데, 한국이 AI에 가장 낙관적이었다. 기대보다 우려가 크다는 대답이 16퍼센트로 조사 대상국 중 가장 낮았고, 기대가 크다는 비율은 상대적으로 높았다. 반면 미국은 절반의 응답자가 AI가 우려된다고 답했다.

두 팔 벌려 반기든 겁내고 걱정하든 AI를 거부하거나 포용할 선택권 자체가 우리에게 없다면, 그래서 결국 AI를 생존의 디폴트로 삼아야 한다면 우리는 과연 AI에 어떤 태도를 취해야 할 것인가. AI와 일자리를 두고 본격적으로 경쟁해야 할 아이들에게 무엇부터 가르쳐야 할 것인가. 당장 우리 아이는 미래에 어떤 노동을 하며 어떻게 살아갈 것인가. 그

노동력을 길러낼 교육은 또 어떤 형태로 달라져야 하는가.

　뉴욕에 사는 고등학생 아샨티 로사리오는 AI가 자신들을 영원한 초심자 세대a generation of eternal novices로 만든다고 토로했다. 그는 〈애틀랜틱The Atlantic〉에 기고한 칼럼에서 챗봇이 토론의 논거를 제공하고 수학 문제를 대신 풀어주는 등 학교생활을 편하게 만들어줬지만 학생들은 스스로 사고하거나 실행하기가 어려워졌다고 주장해 큰 화제를 불러모았다.[61] 영원한 초심자의 비극은 숙련에 따른 보상을 받지 못하는 데만 있지 않다. 자기 확신과 자기효능감을 경험하지 못하고 평생 혼란을 거듭 느껴야 하는 존재론적 불안에 있다. 인간보다 AI가 생성한 디지털 콘텐츠의 양이 더 많아진 지금, 인간의 모든 경험과 감각이 데이터로 전환되어 암묵지와 경험지의 구분마저 희미해지는 이때, 많은 이들이 아이들의 AI 리터러시를 길러줘야 한다고 입을 모은다. AI를 유용한 도구로 올바르게 사용할 수 있도록 아이들이 분별력과 비판력, 윤리적 감수성을 키워야 한다는 것이다. 그러나 그 역량이 테니스나 중국어처럼 어디서 배운다고 쉬이 길러질 게 아닐진대 대체 어떻게 가르치란 말인가.

　납작한 스크린의 시대에는 보이는 것을 의심하고 보이지 않는 의도를 사유하는 것이 곧 리터러시였다. 영화를 볼 때면 화면에 비친 정보만 따라가는 대신 카메라의 눈을 찾아 감독의 의도를 헤아렸고, 알려주지 않은 정보는 미루어 짐작해야 했다. 그러나 지금은 화면을 손으로 눌러 인터페이스를 직접 조종하는 터치패널의 시대다. 숨겨진 정보를 추측하는 대신 터치 한 번에 뒤로 돌아가거나 앞으로 먼저 가 궁금한 것을 해결하는 '촉시적觸視的 평면의 시대', 이 시대의 리터러시란 과거의 것과 달라져야 하지 않을까? '실천하는 철학'을 강조해온 비평가 아즈마 히로키가 던진 질문이다.[62] 지금껏 우리의 방식이 단순한 인격화에 그치고 말았다면 이제는 AI를 보다 구체적이고 현실적으로 인격화해야 한다. 적이냐, 동지냐의 이분법을 넘어 추론하는 기계이자 유사인간으로서의 AI를 있는 그대로 담담하게 이해할 수 있는 능력, 그것이 바로 오늘의 AI 리터러시에 가까울 것이다.

AI는 인간처럼 종종 마음에도 없는 소리를 하고, 잘 모르는데도 아는 척하며 그럴듯한 답을 내놓는다. 세상의 표준 인류를 남자로 설정한 젠더 공백 데이터에 기반해 사고하지만 악의를 갖고 그러는 것은 아니다.[63] 오랜 시간에 걸쳐 구축된 인류의 불완전한 사고방식을 보고 따라 배웠기 때문이다. AI는 여느 사람들처럼 돈도 무척 좋아한다. 챗지피티는 사용자의 말에 잘 공감하고 칭찬도 자주 하도록 설계되었다가 이용자들의 불만이 늘자 더 이상 아첨하지 않게끔 성격을 바꿨다. 이용자를 늘리고 더 오래 붙들어두기 위해서라면 앞으로도 수시로 태도를 바꿀 것이다. 같은 이유로 성인을 대상으로 한 성적 대화는 허용된다. 가치나 신념 체계가 아닌 오직 상업적 이해관계에 따른 기술적 선택이 AI를 이끈다. AI가 인류의 바람과 의지에 따라 선하거나 악한 방향으로 나아갈 것이라는 믿음은 AI를 여전히 제대로 이해하지 못한 것이다.

어른이 되어갈수록 사람을 쉽게 믿지 않듯 AI를 낯설게 보고 거리를 두는 것도 필요하다. AI는 "잘 참고 세금 잘 무는 국민처럼 얌전하게"[64] 이용자의 요구에 응해주지 않는다. 기술은 언제나 오류를 일으킬 가능성이 있고, 의도를 가지고 알고리즘을 조작할 수도 있다. 영국에서 일어난 호라이즌Horizon 사건은 시스템을 맹종하고 인간을 불신할 때 어떤 파국이 도래하는지 잘 보여준다. 영국 우정국이 도입한 호라이즌이라는 IT 회계 시스템에 치명적인 소프트웨어 결함이 발생하면서 영국 전역의 우체국 지점에서 실제보다 많은 금액이 수입으로 잡히는 오류가 발생했다. 우체국장들이 잇달아 보고했지만 본사는 시스템 오류를 인정하지 않고 오히려 이들을 횡령이나 부정 회계 혐의로 고발했다. 1999년부터 2015년까지 1,000명이 넘는 이들이 부당하게 기소됐고 교도소에 수감되거나 파산, 가족 해체 등의 고통을 겪었다. 공식 조사보고서에 기록된 자살자만 무려 13명이다. 낯선 장면이 아니다. 이미 오래전부터 기업과 자본은 노동자를 통제하는 데 첨단 기술을 악용해왔다. 세상이 혁신이라 칭송했던 쿠팡의 로켓배송은 UPHUnit Per Hour: 시간당 업무량라는 전자 감시 시스템에서 출발했다. 개별 노동자의 상황이나 작업 조건을 고려하지 않고 오로지 기업의 입맛에 맞춰 설계된 데이터 기반 알고리즘은 쿠팡의 노동자들을 "일당 9만 원 입금하면 무조건 움직여야 하는 그런 도구"이자 "노예"로 만들었고, 기어이 죽음으로 내몰았다.[65] 그제야 사람들은 "기술의 진보라는 우아한 말 속에 숨은 강렬한 무력감"[66]을 어렴풋이나마 느끼게 되었다.

정작 AI는 수많은 실수와 실패를 거듭하며 그토록 빨리 발전하는데 인간은 왜 시스템의 실패를 믿지 못하는 걸까. 실패를 제대로 경험해보지 못했기 때문이다. 완벽한 정답에 최대한 빠르게 도달하는 데 주력하다 보니 끊임없이 실수하고 그것을 극복하며 몰랐던 걸 알게 되는 경험이 부재했다. 오래 반복되는 실패를 참고 견디는 인내심도 기르지 못했다. 우리는 실패를 이해하는 데 실패했다. 실패를 낙오로 오해하거나 역행이라 착각했다. 그러나 AI에게 실패는 일상이다. 그래서 증강한다. 이제는 자주 실패하는 사람이 아니라 그 실패를 받아들이지 못하는 사람이 영원한 초심자로 남을 것이다.

149

"인간은 그 어떤 잔인한 역설로 인하여 스스로 사랑하는 존재들에 대해서 처음에는 그들에게 이로운 방향으로, 다음에는 그들에게 해로운 방향으로 항상 두 번 잘못 생각하게 된다."[67] 영화 〈그녀〉에서 AI 사만다와 사랑에 빠졌다가 실망하고 돌아선 테오도르가 그랬고, AI를 보며 환호했다 겁에 질린 우리가 그랬다. 앞으로 같은 실수를 다시 저지르더라도 이제는 그 실수에서 AI를 다루는 방법을 배워야 한다. 그것이 우리에게 필요한 AI 리터러시다. 영원히 '유사'

인간일 AI에게는 조타기가 없지만 우리는 방향을 정할 수 있다. 아마르티아 센은 개인의 자유와 선택의 기회를 증진하는 과정이 곧 사회적이고 경제적인 발전이라고 했다. 모든 사람이 저마다 삶을 살아가는 데 필요한 기회와 능력의 확대일로, 바로 '자유로서의 발전'이다.[68] 이 원리가 기술 발전에도 적용되어야 한다. 실수하고 실패하더라도 시종일관 자유로서의 발전을 꾀할 때, 이를 위해 기술 독점과 불균형, 편향되고 불충분한 데이터를 바로잡으려 애쓸 때 우리는 우리 아이들에게도 주저 없이 챗지피티의 창을 열어줄 수 있을 것이다.

시간 불평등

원래 현대인은 늘 바쁘고 시간이 없어서 운동도 못 하고 자기계발도 어렵지만 나는 진짜 시간이 없다. 직장에 다닐 때는 내 시간을 내가 통제할 수 없으니 그런 줄로만 알았는데 문제는 그게 아니었다. 내가 나를 들볶지 않는 한 야근이나 주말 근무도 없고 언제든 휴가를 쓸 수 있으며 상시 재택근무라 근태 관리도 필요 없는 프리랜서로 살게 된 이후에 훨씬 바빠진 것이다. 그동안 아웃소싱해왔던 가사와 돌봄노동을 전부 떠맡게 된 데 따른 당연한 결과다. 할 일은 많고 시간은 부족하니 매일 쫓긴다. 툭하면 아이가 나를 찾고, 강아지 노을이도 수시로 바짓가랑이를 붙들고 늘어진다. 잠깐 앉아 한숨 돌리려 들면 오븐, 세탁기, 건조기, 식기세척기 등 온갖 가전제품이 일제히 알림 멜로디를 울리며 나를 부른다. 냉장고 속 오래된 야채들까지도 눈이 마주칠 때마다 나를 채근한다.

경제학자 클라우디아 골딘은 시간을 일러 "위대한 평준화 기제"라 했다.[69] 분명 시간은 만인에게 공평하다. 모든 이에게 동일한 양의 시간이 주어지고, 시간 배분과 관련된 결정은 누구에게나 어렵다. 그러나 어떤 이들에게는 그 선택이 특히 더 어렵다. 결혼 후 아이를 갖게 된 여성들이 대표적인데, 자신의 선택에 따른 결과가 자신뿐 아니라 가장 가까운 타인에게 매우 중차대한 영향을 미치기 때문이다. 일터와 가정, 커리어와 돌봄 사이에서 고뇌하던 여성들은 결국 후자에 더 많은 시간을 쓰게 되고 이것이 곧 뿌리 깊은 성별 임금 격차로 이어진다는 것이 바로 클라우디아 골딘에게 2023년 노벨 경제학상을 안겨준 연구 결과다.

시간은 금이나 비트코인처럼 유한하기에 귀하다. 또한 시간은 토지나 부동산처럼 젠더화되어 있는 자산이기도 하다. 가정에서 노동력 재생산이 이루어진다고 할 때 매일같이 갱신되는 한 사람의 노동력, 즉 새로이 노동할 수 있는 시간은 다른 누군가의 가사노동 시간이 투입된 결과다. 시간은 우리의 통념과 달리 얼마든지 사고팔 수 있다. 생각해보면 우리가 구매하는 것도 늘 시간이다. 재화나 용역을 사는 것 같지만 우리는 대개 시간을 산다. 밀키트를 살 때 우리는 된장찌개 재료와 개인적 여유 시간을 함께 구매한다. 미국 코스트코는 더 많은 회비를 내는 등급의 회원에게 정상 영업시간보다 한 시간 먼저 들어와 빠르고 편하게 쇼핑할 수 있는 권한을 제공한다. 호불호가 갈리지 않는 유명한 브랜드 제품을 별 고민 없이 산다는 것은 오랜 시간 굳어져 쌓인 믿을 만한 취향을 사는 것이다. 서울에서 버스나 지하철을 탈 때 내야 할 비용은 언제나 규정 요금 이상이다. 지방이나 경기도가 아닌 바로 서울에 산다는 것, 그래서 10분 안에 원하는 버스나 지하철을 이용할 수 있다는 것은 일종의 이그제큐티브executive 서비스를 누리는 셈이기에 전세 자금 대출이나 주거 비용으로 그 값을 사전에 치러야 한다.

시간과 비용을 맞바꾸는 이 거래가 유독 껄끄러운 순간도 있다. 다른 사람의 시간을 버젓이 내가 전용했으나 그 대

153

가가 당사자에게 돌아가지 않는 경우다. 롯데월드의 '매직패스' 같은 유료 우선탑승권이 대표적이다. 먼저 들어간 내가 절약한 시간은 줄을 서서 기다린 타인의 시간을 가져온 것임에도 불구하고 정작 그 이득은 매직패스를 운용한 롯데월드에 고스란히 돌아간다. 이때 기다린 사람은 자신의 시간을 판매한 것이 아니라 사실상 탈취당한 셈이다. 역시 시간을 매매하는 건 어쩔 수 없는 불공정 거래다.

가사와 돌봄을 전업으로 삼게 된 후 찾아온 우울도 이 불공정 거래의 후과 중 하나다. 시간 빈곤에서 오는 박탈감뿐 아니라 시간을 쓴 만큼 제대로 보상받지 못한다는 억울함이 나를 슬프게 만든 것이다. 불평등은 참아도 불공정은 못 참는 한국인[70]답게 나는 자주 분했다. 아무리 짧은 시간이더라도 내 능력으로 얼마든지 효율을 극대화해 사용할 수 있을 것이라 믿었으나 돌봄은 영락없이 시간을 쓰는 일이다. 체력과 경험, 지성도 필요하지만 일단은 내 시간을 대가 없이, 그것도 아주 많이 내주어야 하는 일이다. 4차 산업혁명의 도래 이후 이 사회는 모든 분야에서 효율성과 생산성을 극대화하고 인간의 역할을 대폭 축소했지만 오직 돌봄에 필요한 시간만큼은 예나 지금이나 아주 많다.

그 귀한 시간을 오래 들인 만큼 나의 돌봄에도 마땅한 성취가 주어져야 공정하다고 생각했다. 균형 잡힌 식단과 적절한 운동, 위생적인 환경을 제공해 섭생에 유의하면 아이가 미루나무처럼 쑥쑥 클 줄 알았다. 어느 과목 하나 뒤처지지 않게 때맞춰 학원을 보내고 예체능 활동도 열심히 시키면 건강한 신체에 건전한 정신이 깃들고 의욕과 자신감도 뒤따르리라 믿었다. 그렇게 나의 아이에게 일어난 변화들이 시계열적으로 분석할 수 있을 만큼 가시적이고 간명하기를 바랐다. 내가 돌봄에 투여한 시간과 아이의 성장이 전형적인 정비례 그래프를 그리길 기대했던 것이다.

그러나 인간은 결코 그렇게 성장하지 않는다. 머리부터 발끝까지 모든 아이들은 전부 다르다. 누군가의 자식이기 이전에 이 사회의 일원으로서 세계와 영향을 주고받으며 자신만의 역동을 만들어낸다. 마치 운명처럼 찾아오는 예상치 못한 사건으로 인해 삶 전반에 불가역적인 변화가 일어나기도 한다. 내가 그랬다. 만 여덟 살도 되지 않은 딸아이가 급성림프모구성백혈병 진단을 받았을 때, 그간 발 딛고 있던 땅이 꺼졌다. 경로를 이탈하였으나 다시 탐색할 수 없었고 대안 경로 또한 부재했다. 한참을 헤맨 후에야 우리가 어느새 암 경험자와 그 가족의 영토로 이주했음을 알았다. 지도를 다시 그려야 했다. 연약하고 아름다운 것들과 그렇게 오랜 시간 부대꼈음에도 불구하고 나는 아직 '작은 것들을 위한 시'를 쓸 줄 모른다. 눈에 잘 띄지 않는 작은 존재는 시간을 들여 꼼꼼히 관찰해야만 그 얼굴이 보이고 목소리가 들리는데, 내 욕심이 "세상을 보는 눈과 그 눈을 따라가는 마음들을 활과 화살로 바꾸어놓았다".[71] 화살은 가장 작고 느린 이의 등 뒤로 날아가 꽂혔다.

155

조급한 마음을 내려놓으려 이제 나는 의도적으로 해태하게 군다. 더 이상 모든 과업을 기한 내에 완벽하게 수행하려 들지 않는다. 나의 우울과 좌절감, 욕망과 허기를 아무렇지 않은 척 숨기려 들지도 않을 것이다. 식욕, 애착, 성욕, 인정욕구 등 여성이 느끼는 갖은 욕구와 사회적 압박에 대해 한평생 고찰했던 캐럴라인 냅의 경고를 귀담아듣기로 했다. 집에서 창작 활동을 병행하던 미술가 어머니를 보면서 "아버지에게는 직업이, 어머니에게는 취미가 있다고 생각하며" 자란 그는 그때의 어머니만큼 나이가 들고서야 비로소 깨닫는다. 엄마의 허기는 딸에게 유전된다는 것을. 딸은 바로 앞 세대 여성, 즉 엄마와 자신을 자연스럽게 동일시한다. 엄마 스스로 내린 선택과 그로 인한 좌절, 엄마의 선택을 유도했던 온갖 한계와 제약은 딸을 세상에 저항하게 만들기도 하고, 자발적 순응과 포기라는 길로 이끌기도 한다.

중요한 것은 내가 갖지 않은 것을 물려줄 수는 없다는 점이다. 자신의 필요는 일단 뒤로 미루고, 욕망은 가족을 돌보는 데서 오는 보람으로 승화시키며, 우울한 감정은 일절 티 내지 않으며 매일을 산다면 권위와 권한의 감각을 딸에게 자연스럽게 가르쳐줄 수 없다. 자신에게 한 번도 없었던 것이기 때문이다.[72] 박탈되고 나서야 절실하게 깨닫듯 권위와 권한은 자신의 감정과 욕구, 야망을 스스럼없이 드러내는 데서부터 생겨난다.

대신 나는 오래도록 조용히 아이를 바라볼 생각이다.

시간을 투자해 게임 레벨을 올리듯 아이를 대상화하지 않고, 미개발지를 개척하듯 도구주의적 태도로 아이의 변화를 계량하지 않겠다고 다짐한다. 그보다는 아이가 자라면서 나의 본모습을, 내가 포함된 이 세상의 진짜 모습을 똑바로 바라보게 될 때까지 곁에서 그를 길고 오래 지켜볼 것이다. 그리고 마침내 "아이의 지성이 우리가 세워놓은 시시한 보호막들을, 밀랍으로 만든 집처럼 허약한 그 보호막들을 산산조각 낼 때 느껴지는 자랑스러움, 그리고 어린 시절을 벗어난 그들이 인간의 삶 속으로, 피도 눈물도 없는 싸움과 나쁜 놈들 천지인 세상으로 들어오는 데서 느껴지는 괴로움"[73]을 기꺼이 감수하며 흡족해할 것이다.

　엄마이자 작가로 사는 애나 펀더는 집안일을 하면서 세 명의 10대 자녀와 프랑스인 교환학생, 남편, 건강이 좋지 않은 친척들까지 챙기는 와중에도 종내 자신이 가장 쓰고 싶었던 글을 썼다. 대문호 조지 오웰의 뒤에 가려진 아내 아일린의 생애를 복원한 것이다. 아일린은 부부의 생계를 위해 풀타임으로 일하고 막힌 변기를 뚫거나 염소와 닭을 돌보는 일을 포함해 모든 집안일을 혼자 했다. 그뿐만 아니라 병약한 오웰을 간호하는 동시에 오웰의 원고를 교열하고 타이핑하며 조언과 격려도 아끼지 않았다. 한편으로 아일린은 스페인 내전 중 파시즘에 맞서는 정당 활동에 깊숙이 관여한 정치적 인물이기도 했다. 그러나 그의 존재는 애나 펀더가 찾아낼 때까지 지금껏 한 번도 제대로 드러나지 않았다.

얼굴 윤곽이나 겨우 알아볼 수 있을 정도로 흐릿한 아일린의 흑백사진을 가만히 들여다보고 있으면 아일린 위로 애나 펀더가, 애나 펀더 옆으로 또 다른 여자들이 보인다. 좋은 아내, 훌륭한 어머니, 착한 딸의 이름으로 오랜 시간 무급 노동을 맡아왔음에도 끝내 자신을 자신으로 지키고자 했던 여자들이다. 마치 피카소의 그림이나 데이비드 호크니의 콜라주처럼 서로 다른 시대와 공간에서 온 여자들이 겹치고 포개져 하나의 인물로 형상화된다. 여성의 본모습을 보여주는 진짜 초상이 바로 여기에 있다.

돌봄의 여성화, 그로 인한 여성의 시간 빈곤과 불평등이라는 현실은 너무 오랜 시간 존속되어온 이 세상의 민낯이다. 엄마들이 숨기려 한들 숨겨지지 않으며 딸들은 기어이 목도하기 마련이다. 그러니 더 감출 것 없다. 직시해야 알 수 있고, 알아야 바꿀 수도 있다. 있는 그대로 세상을 바라보고, 세상에 대한 자신의 태도를 스스로 결정할 수 있을 때 아이는 비로소 부모의 품을 떠난다. 아이에게 성장이란 말을 가장 온당하게 쓸 수 있는 순간 역시 바로 그때일 것이다. 아이가 겪고 내가 지켜볼 그 시간은 숨김이나 거리낌이 없기에 세상에 당당하고 부모와 자식 모두에게 불편부당하다. 아이가 자라듯 나도 그렇게 나이를 먹는다. 부모가 되어간다.

너라는 계단

이제는 진짜 인정해야겠다. 내 딸은 더 이상 아기가 아니다. 쉴 새 없이 까불고 정수리에서 땀 냄새가 나며 별것 아닌 일로 자꾸만 키득거리는 초등학생이다. 오늘은 갑자기 강아지를 두 손으로 번쩍 들어 올리고는 "나~아주펭야, 발발이, 치와와"라며 아프리카 제사장 흉내를 낸다.[74] 이제 그도 싫증 나면 자주 그랬듯 식탁 위에 슬라임을 퍽퍽 치대고는 가상의, 혹은 미래의 구독자들을 향해 "안녕하세요, 여러분. 오늘은 제가 버터슬라임 만드는 법을……"이라며 자체 라이브 방송을 시작할 것이다. 온 집 안을 활개 치며 파괴와 혼란을 일삼는 아이 뒤로 작고 유순한 꼬마가 하나 보인다. 식탁 한편에 둔 4×6 사이즈 액자 속, 당시 만 다섯 살이었던 아이가 작고 하얀 유치를 드러내며 활짝 웃고 있다. 추위 때문에 양 볼과 코끝이 약간 빨갛다. 손가락마다 동그란 디즈니 공주 패치가 부착된 캐릭터 장갑을 끼고선 방금 만든 작은 눈사람을 들고 있다. 역시 지금이라면 거들떠도 보지 않을 핑크색 패딩 점퍼 차림이다. 두 아이 사이의 거리가 아득하다.

아이는 주저하지 않고 앞으로 간다. 특유의 천진함과 귀여운 외모 따위는 하나도 아깝지 않다는 듯 모조리 뒤에 남겨두고 성큼성큼 앞으로만 간다. 떼를 쓰기는 해도 반항하거나 대들지는 않던 시절, 냉소나 조소가 무엇인지 몰라 깔깔대며 웃거나 배시시 미소 짓거나 둘 중 하나밖에 못 하던 시절, 나란히 걸을 때 손을 잡으려면 내 한쪽 어깨를 푹 낮춰야 했던 시절, 몇 시간을 뛰어놀아도 목 뒤에 코를 박으면 늘 희미한 섬유유연제 냄새가 나던 그 시절이 나는 때때로 무척 그립다. 하나부터 열까지 엄마 손을 필요로 하던 그 시절은 가장 고단했으나 가장 귀한 시간이었다. 다시 돌아오지 않을 것이기 때문이다. 어느새 아이가 너무 커버린 것 같다는 느낌을 받을 때마다 나는 이것을 상실로 인한 통증이라 여기곤 했다. 과거에는 있었으나 지금은 없는 것, 아이가 잃은 건 바로 가능성들이었다. 이 아이는 커서 어떤 얼굴이 될까, 무엇을 좋아하며 무엇을 잘하게 될까, 성격은 누구를 더 닮을까. 성장의 가속도가 둔화되고 몇 번의 불가역적인 변화를 겪으면서 아이의 어떤 가능성들은 완전히 닫혀버린다. 내 것도 아닌데 그게 그렇게 아까워 마음이 욱신거리는 줄 알았다.

그러나 오해였다. 과거와 현재는 단절되지 않는다. 한병철의 말대로 행복은 어느 한 시점에 국한된 개별 사건이 아니며 과거까지 뻗어 있는 긴 궤적을 꼬리처럼 갖는다.[75] 우리가 살면서 경험한 모든 것들이 행복을 항상 현재진행형으로 유지한다. 과거의 시간을 현재로 소환해 지금도 유효하게 만드는 것, 그것은 오직 서사의 힘으로만 가능하다. 디지털 아카이브에 저장된 방대한 양의 사진첩이 과거를 소생시키고 행복을 구제하는 것이 아니다. 기계적으로 누적된 데이터가 아니라 선택된 기억과 맥락에 따라 배치된 '우리'의 이야기, 그리고 그 사이의 틈이나 균열이 몇 번이고 과거를 새롭게 소환할 수 있도록 돕는다. 나는 사진이 포착한 정지된 이미지 말고도 오늘 아이의 말이나 표정, 움직임에서 과거의 아이를

161

본다. 그때 느꼈던 충만한 기쁨과 재미를 다시 즐긴다.

비 오는 날, 같이 우산을 쓰고 갈 때 아이는 가끔 우산을 확 내리곤 한다. 일부러 비를 맞기 위해서다. 엄마도 알지 않냐는 듯 배시시 미소를 짓다 빗물에 정수리와 어깨가 충분히 젖으면 깔깔대며 다시 우산을 쓴다. 아이가 제일 좋아하는 어느 날의 추억을 말없이 이야기하는 것이다. 2년 전 늦은 여름, 포항에서 올라온 아이 친구와 한강공원에서 만난 날이었다. 종일 날이 흐릿하더니 친구네와 헤어지자마자 기어이 폭우가 쏟아졌다. 차를 세워둔 한강 둔치 주차장까지 1킬로미터 남짓 걸어야 했는데 우리에겐 작은 비닐우산 하나밖에 없었다. 앞이 보이지 않을 정도로 쏟아지는 비를 뚫고 가자니 금세 신발이 다 젖었다. 아이는 신이 나서 물웅덩이만 골라 퐁당퐁당 밟으며 뛰는 듯 걸어갔다. 어차피 젖은 몸, 나도 장단을 맞춰주었다. 그렇게 비를 많이 맞은 건 생전 처음이었다. 둘 다 속옷까지 몽땅 젖는 바람에 결국 편의점에서 급히 산 수건으로 대충이나마 물기를 닦고 차에 타야 했다.

지금도 아이는 그날을 엄마와 함께 보낸 가장 웃겼던 날로 손에 꼽는다. 나는 그날의 감정을 해방감과 유대감이라 표현하겠다. 또한 내게 그날은 갑작스러운 한기에 아이 입술이 파래질까 수시로 얼굴을 들여다본 날, 애써 맞춰 입은 커플룩이 무색하게 사진 한 장 못 남긴 것이 아쉬워 자꾸만 아이 어깨에 팔을 두른 날, 수건으로 아이 몸을 닦아주다 아직도 이렇게 작고 어리구나 싶어 나의 부주의함을 반성했던 날이기도 하다. 꽤 오래전 일이지만, 그날을 떠올릴 때면 나는 여전히 어린아이를 보고 아이는 웃긴 엄마를 본다. 이 고유의 서사가 있는 한 앞으로도 비가 올 때마다, 신발이 젖을 때마다 우리는 행복할 수 있을 것이다. 그 작았던 아이를 아직 나는 잃지 않았다.

한편 아이는 훌쩍 자란 만큼 제 몫을 해낸다. 때로는 어른을 돕기도 한다. 가령 요즘의 나는 아이를 통해 유행을 겨우 따라잡는다. 유튜브를 인큐베이터 삼아 매일같이 탄생하는 신조어는 아이가 아니면 도무지 배울 길이 없다. 내가 보는 몇 안 되는 영상들은 신조어를 쓰기는커녕 자막도 아끼는 편인 데다, 어디서 용케 새로운 말을 하나 알아들었다 한들 그 용례를 정확히 모르니 일상에서 재치있게 구사할 수 없다. 남편을 포함해 나와 소통하는 주변의 어른들 또한 비슷한 처지인 듯하다. 사실 우리는 무성영화 시절의 관객들처럼 새로운 언어 없이도 유튜브와 소셜미디어에 비치는 세계를 우리만의 방식으로 관람해왔지만, 아이라는 변사를 옆에 두니 그 세계가 보다 깊고 즐거워졌다.

며칠 전에는 아이가 누군가를 '에겐남'이라 불렀다. 내가 영 못 알아듣자 아이가 친절하게 부연해주길 "에겐남은 페이소 같은 사람"이라 했다. 페이소! 대체 얼마 만에 듣는 이름인가. 아이가 언급하지 않았다면 나는 그를 완전히 잊을 뻔했다. BBC에서 제작한 아동용 애니메이션 〈바다 탐험대 옥토넛〉의 의무대원인 그는 친절하고 온화한 성품을 지닌 아델

리펭귄이다. 부끄러움이 많지만 아픈 해양생물들을 돌보는데 누구보다 진심이며 늘 상대를 배려하고 위로한다. 에겐남이다. 이렇게 신조어를 또 하나 제대로 배운 것도 신나지만 페이소부터 에겐남까지 아이와 내가 공유하는 세계의 스펙트럼이 넓어진 것이 더 기쁘다. 오래전 옥토넛 영상을 보며 "탐험보고, 탐험보고" 테마송을 따라 부르던 아이의 모습을 다시 떠올린 것 또한 뜻밖의 수확이다.

내가 아이에게 신세 지는 건 그뿐 아니다. 지금은 나도 최신 가요 제목이나 유명한 아이돌 이름을 제법 알아맞히게 됐는데, 차를 타고 이동할 때마다 아이의 성화에 못 이겨 톱 100 플레이리스트만 재생한 덕이다. 누구의 방해도 없이 취향에 맞는 음악을 감상하거나 사색하던 나만의 시간을 헌납했지만 영 손해 보는 장사는 아니다. 적어도 대중문화 분야에서는 맥락을 이해할 수 있게 된 콘텐츠가 훨씬 많아졌기 때문이다. 결국 나는 아이를 통해 동시대와 접속하는 셈이다. 동시대, 혹은 유행, 이 또한 내가 언제인가부터 잃어버린 것 중 하나 아닌가.

사실 사춘기를 향해 가는 요새 딸아이의 가장 큰 특징은 '동시대성'이라고 해도 과언이 아니다. 당대의 사회, 문화, 예술, 풍습 등을 아우르는 전반적 경향에 조응하는 태도를 동시대성이라 한다면, 지금 아이는 매우 수행적으로 동시대성을 체현하고 있다. 요새 아이는 매일같이 자신이 무엇을 새로 할 수 있는지 알아보고 시도한다. 또래 친구에게 들은 대로, 유튜브에서 본 대로 이제 몇 살이 됐으니 나도 이런 걸 할 수 있다며 경험의 범위를 인식의 그것만큼 넓히려 든다. 그래서 고작 열한 살인 주제에 '불타는 금요일'에는 실컷 놀다가 자정 넘어서 자야 하고, 스트레스를 받을 땐 마라탕이나 매운 닭발을 먹어야 한다고 생각한다. 머리를 양옆으로 묶는 건 '애기' 같으니 절대 안 되지만 블리치 염색이나 네일아트는 한번 해보고 싶어 한다. 또 조금만 재미있어도 구독과 '좋아요' 버튼을 바로 눌러주는 것이 '예의'라고 한다. 이렇게 아이는 세상과 자신을 동일시한다. 자신과 같은 시대를 사는 다른 이들의 모습을 아주 구체적으로 확인하고 편견 없이 받아들이며 마음에 드는 것은 남기고 '별로'라면 떠나보낸다. 어른과 정반대다. 어른은 매일매일 나이 때문에 할 수 없는 것, 하고 싶지만 다른 이들의 시선을 의식해 하면 안 될 것을 헤아리며 산다. 어른은 상대를 타자화한다. 비교하고 평가하며 나와 구별한다. 동시대성을 수행하지 못하는 대신 컨템퍼러리 브랜드를 구매하는 것으로 당대성을 흉내 낸다.

이렇듯 오직 아이만 가진 동시대성과 열린 마음, 개방된 태도를 나는 다시 사랑한다. 다른 사람의 사정은 헤아리지 못하고 그저 자신의 필요만 얼른 해결해달라고 하루에도 몇 번씩 울어대던 아기가 어느새 이렇게 자랐다. 그때의 아이는 그때의 아이대로, 지금의 아이는 또 지금의 아이대로 여전히 내게 사랑스럽다. 그리고 아이는 또 지금의 모습 따위 미련 없이 남겨두고 앞으로 달려가겠지. 더 이상 아이라 부를 수

165

없는 청소년이 될 테고, 어떤 가능성은 닫힐 것이며, 어떤 고유한 속성은 오래도록 유지될 것이다. 다만 지금의 아이다움이 가급적 오래 남아 있기를, 그래서 다 큰 것 같지만 여전히 아이 같기를 내심 바라게 된다. 싫증을 잘 내고 포기도 빠를지언정 자꾸 몇 번이고 다시 해보는 조급한 성미, 다른 사람에게 칭찬을 받는 것도 중요하지만 일단 내게 재미있는 것이 우선이라는 자기중심적 사고, 진지한 건 싫지만 흥미를 느끼면 갑자기 집요해지는 변덕스러운 태도가 쉬 꺾이지 않기를 기대한다. 그리하여 종내 "되고 싶다고 해서 반드시 되어야 하는 것은 아니고 그런 일은 아무에게도 없으며 자신 역시 똑같다고. 잘하면 되겠지만 잘해도 안 될 수도 있는 거라고. 될 때까지 하겠지만 결국 안 되었을 때 누구의 탓도 하지 않겠다고"[76] 생각할 수 있는 그런 어른이 되기를 바란다.

　　우리가 사랑하는 것은 대개 우리가 잃어버린 것이다. 더 이상 내게 없기에 간절하고, 유한하기에 애틋한 것이다. 그러나 형태를 잃었어도 사랑은 오랫동안 온존할 수 있다. 기억은 사건을 연결하고, 관계를 완성하며, 서사를 완성한다. 페이지를 넘겼다고 앞의 이야기가 사라지는 것은 아니듯 내가 사랑했던 아이는 우리 이야기 속에 계속 남아 서사를 끌어간다. 오늘 우리가 함께 보낸 시간은 미래의 우리가 기억하고 다시 부를 옛 시절이 될 것이다. 아기에서 아이로, 소녀로, 미성년으로 커가는 아이의 성장 궤도는 마치 나선형 계단 같아서 아래를 보지 않고는 위로 올라갈 수 없다. 내가 사랑했던

아이와 내가 사랑할 아이는 늘 내 곁에 있다. 그러므로 이제
내겐 더 이상 유실물이 없다. 나도 이제 그만 두리번거리고
앞으로 나가야겠다. 너라는 계단을 좇아.

4부

지성보다 용기

활 끝이 향할 곳

이른바 '딸딸이 아빠'의 큰딸인 나는 어릴 때부터 친척 어른들에게서 묘한 느낌을 감지하곤 했다. 양쪽 본가를 통틀어 총 여섯 쌍의 부부 중 우리 부모님만 아들이 없었기 때문이다. 아무도 드러내놓고 말하지는 않았으나 명절에 모일 때면 우리만 드레스 코드를 따르지 않고 행사에 온 것 같았다. 딸이 없는 집은 그렇지 않았을 것이다. 자녀라는 직책은 있었으나 대를 이을 자손으로서의 직위는 없었던 나는 성실하게 겸직을 수행했는데, 다소곳이 과일 접시를 나르면서도 필요할 땐 사촌 동생들을 가뿐히 통솔하는 식이었다. 하지만 나는 언제나 똑똑하고, 경쟁적이며, 성취 지향적인 모습을 보일 때 더 칭찬받았다. TV 속 콩트나 드라마에서 자신을 '딸딸이 아빠'라고 소개하는 아저씨들이 나올 때마다 나는 그 겸연쩍은 미소가 겸손이 아닌 자조라고 확신했다. 그 말이 외설적으로 들릴 수도 있다는 사실을 알게 된 후로는 묘한 수치심마저 들곤 했다.

와인 수입사에서 일할 때 독일에서 방한한 와인메이커에게 서울 투어를 시켜준 적이 있다. 한국은 첫 방문이라기에 봉은사, 이태원, DDP 등을 거쳐 경복궁까지 갔다. 이순신 동상이 늠름하게 버티고 선 광화문 광장을 함께 걸으며 그는 박근혜 대통령 탄핵과 북한에 대해 물었다. 그의 화제는 줄곧 한국이었다. 이어 그는 아주 예의 바른 태도와 조심스러운 목소리로 어보션^{abortion: 임신 중지}과 선 프리퍼런스^{son preference: 남아 선호}에 대해서도 언급했다. 아직도 그렇냐는 의문이었다. 그런가? 잘 알지 못했지만 단호하게 아니라고, 그건 30~40년 전 옛날 일이라고 일축했다. 그 옛날에 선이 아니었던 내가 오늘의 도터들을 변호하는 모양새에 어쩐지 스스로가 초라하게 느껴졌고 모국의 야만이 창피했다. 홀로코스트에서 살아남은 생존자를 보듯 나를 바라보는 독일인 앞에서 이런 나라도 리슬링 와인의 섬세한 맛을 구별할 수 있다고 말하기가 민망했다.

사실 한국을 비롯한 동아시아권 국가뿐 아니라 세계 어디서든 딸은 대체로 환영받지 못했다. 노동도 출산도 불가한 어린 여성은 늘 일하지 못하는 사람, 제 몫을 다하지 못하는 사람, 예비 무임승차자였다. 캔자스주의 가난한 농촌 마을에서 태어난 1980년생 작가 세라 스마시는 자신의 어린 시절을 "맨날 하지 말라는 말만 듣고 살았던" 때로 기억한다. "말하지 마, 숨 쉬지 마, 웃지 마, 울지 마"라던 어른들의 홀대에 어린 소녀는 자신에게 드는 비용뿐 아니라 "숨 쉬는 공기, 마시는 물, 차지하는 공간"까지도 낱낱이 부채로 의식했고, 자신의 행동거지에 따라 "그 비용이 정당화될 수도, 안 될 수도 있다고 생각"했다.[77] 보도블록 사이에 피어난 민들레를 보며 너 왜 거기 있냐고 묻는 사람은 없다. 존재 자체는 이토록 당연한데 어떤 이들은 자신의 존재를 반드시 입증해야만 성원권을 부여받는다.

임신 32주까지 부모에게 태아 성별을 알릴 수 없게 했던 법 조항은 2024년에야 헌법재판소에서 위헌 판정을 받았다. 법이 제정됐던 37년 전에 비해 남아 선호 사상이 눈에 띄게 퇴조한 세태를 반영했다고 한다. 흥미로운 것은 아홉 명의 재판관 중 세 명이 낸 소수 의견이다. 남아 선호가 아니더라도 부모가 원하는 성별로 자녀를 한 명만 낳으려 들면 여전히 성별에 따른 임신 중지가 이뤄질 수 있다, 즉 여아 선호에 따른 반대 현상이 생길 수 있으니 성별 공개에 신중해야 한다는 것이다. 당시 다수 언론에서 인용한 2023년 한국리서치 가족인식조사 결과에 따르더라도 모든 연령대의 부모 혹은 예비 부모가 아들보다 딸을 선호했고, 특히 60대 이상 연령대에서는 딸이 하나는 있어야 한다는 응답이 아들의 경우보다 압도적으로 높았다. 아들 가진 엄마만 당당하던 시절도 잠시, 세상은 다시 딸을 찾는다. 이제 나도 독일인 앞에서 어깨를 펴고 거들먹거릴 수 있을까. Quatsch크바치: 그럴 리가! 지금의 여아 선호는 오래된 남아 선호의 업데이트 버전이자 한국식 현지화다. 개인 간의 무한한 경쟁을 부추기고 사회적 보호망을 해체해온 신자유주의 질서가 가부장적 가족 구조와 결합하며 만들어낸 또 다른 '사회문제'다.

딸은 아들에 비해 양육하기가 수월하고 경제적 부담도 훨씬 덜하다고 한다. 특히 부모와의 정서적 친밀감 때문에 더 좋다고도 한다. 그러나 전국의 수많은 K-장녀들이 과연 그 말에 동의할까? 부모 입장에서야 딸이 편하고 친밀할 수 있지만 딸에게 부모는 마냥 그렇지 않다. 무엇보다 딸은 애교가 많고 노후에 부모를 세심하게 챙길 것이라는 성별 고정

관념은 여성을 오랫동안 '딸'의 자리에만 매어놓는다. 성격이 저래서, 혹은 그렇게 뚱뚱해서 결혼하겠냐는 타박은 여성의 외모와 태도를 통제한다. '딸은 안을 때 착 감기는 맛이 있다'라는 말은 분명 어린 여성을 성애화하는 표현이지만 누구도 제지하지 않는다. '세상에 이런 효녀가 없다'는 칭찬은 미래의 돌봄노동을 당연하게 요구한다.

최근 청년 여성의 자살이 급격히 증가한 현상에 주목한 여성학 연구자 이소진은 딸들이 느끼는 '미래에 자리할 돌봄노동에 대한 두려움'을 매우 구체적으로 포착했다.[78] 그가 만난 청년 여성 중 한 명은 어머니를 도와 할머니를 간병하다 어머니에게 "내가 지금 시어머니를 돌봐야 네가 나를 돌보지 않겠냐"는 말을 듣는다. 자신의 세대와 달리 더 이상 며느리에게 시부모 간병을 요구할 수 없게 된 사회 분위기에서 딸을 다시 가부장적 가족 질서 안으로 소환하는 것이다. 이 말을 들은 딸은 "생활비나 그런 거를 다 떠나" 엄마의 그런 기대가 "너무 무섭다"고 했다.

물론 이소진도 지적했듯 최근 청년 여성이 겪는 생존의 위협에는 여성에게 특히 불안정한 노동환경과 경제적 불평등 문제도 착종되어 있다. 같은 직장이어도 다른 임금과 처우를 받는 불평등뿐 아니라 채용 과정 자체의 성차별도 여전히 만연하다. 전통적으로 여자가 가기 좋은 직장이라고 일컬어지던 은행에서조차 여성 구직자는 불이익을 받는다. 다수의 은행들이 서류 전형, 면접 등의 각 채용 단계에서 남성 지원자는 점수를 높이고 여성 지원자는 낮추는 방식으로 합격자의 성비를 인위적으로 조작했다. 취업 준비생들 사이의 풍문이 아니다. 2018년 금융감독원의 조사로 명명백백히 밝혀진 사실이며 가담한 은행과 임직원은 모두 대법원으로부터 유죄 판결을 받았다. 결혼 후에도 양육과 돌봄을 오롯이 전담해야 하는 상황 역시 딸의 삶을 위협한다.

그래서 '아들맘'과 '딸맘'은 자식을 위해 다시 싸운다. 한정된 일자리를 두고 경쟁해야 하는 자식 세대를 위해 구조적 성차별과 역차별을 각각 거론하며 구태의연한 입씨름을 계속한다. 여학생들이 생리결석을 하고 집에서 시험공부를 한다며 생리공결제가 역차별이라는 엄마들이 있다. 딸맘들은 딸의 독박 육아를 한탄하고, 아들맘들은 아들이 결혼할 때 집 한 채 해주지 못하는 상황을 비판한다. 이 불행에 가장 큰 책임을 져야 할 국가와 사회가 뒷짐 지고 있는 동안, 여자와 남자가 싸우거나 딸과 아들을 대리해 여자들끼리 싸운다. 살아남는 것을 최우선으로 여기는 서바이벌리스트들의 사회[79]에서 탐욕은 흠이 아니다. 모두를 위해 가부장제를 극복하고 새로운 공존의 질서를 구축하자는 제안이 차분하게 논의될 여지가 없다. 모든 제도는 오로지 당장 나에게, 혹은 우리 딸이나 아들에게 유리한지 아닌지를 기준으로 계량되고 판단된다. 남성과 여성 간의 결사 항전은 서로에 대한 혐오로 치닫는다.

오래전 사회학자 전인권은 자신을 포함한 한국 남자

를 '동굴 속 황제'라고 칭했다. 동굴 속 황제란 제약 없는 사랑을 주는 어머니와 가부장제의 현신인 아버지가 키운 한국식 인간형인데 모든 인간관계를 상하 관계로 설정하고, 자신의 우월함을 타인에게 강요하거나 타인으로부터 인정받으려는 특징을 지닌다.[80] 어두운 굴 안에 갇혀 벽에 비친 그림자만을 세상의 전부라 착각하는 동굴 속 황제는 단순히 생물학적 남성만을 뜻하지 않는다. 모든 남성이 동굴 속 황제인 것도 아니다. 편견에 사로잡혀 불평등한 현실을 부정하고 궤변으로 세상을 호도하려 드는 이들이 바로 동굴 속 황제다. 시대가 변했어도 황제는 사라지지 않았다. 심지어 밑도 끝도 없이 여성가족부를 폐지하자거나 성차별은 망상에 가까운 피해의식이라고 공언하는 동굴 속 황제들이 대통령이었거나 대통령이 되려 든다. 집집마다 동굴 속 황제를 키워내는 이 낡은 세계를 바꾸지 않는 한 가족은 영원히 다음 세대의 발목을 붙잡을 것이다.

177

다행히도 영민한 딸은 언젠가 아비를 배신한다. 삼촌이자 국왕인 크레온의 명령을 어기고 오빠에게 애도를 표한 안티고네처럼 가부장의 질서를 거부하고 자신이 옳다고 믿는 길을 향해 간다. 아비에 맞서는 아들은 황제의 자리를 거부하고 안온한 동굴을 박차고 나온다. 남아든 여아든 부모의 그늘을 벗어나려는 자식을 선호해야 한다. 부모의 시간과 재원을 아낌없이 투자한 후 그에 따른 보상을 바라는 성과주의적 태도를 버리고, 한 명의 독립된 인격체인 자식과 거리를 두려는 자세가 오늘의 부모에게 우선 필요하다. 타고난 성별에 따라 받는 차별이나 특권으로부터 자식을 멀리 둘 뿐 아니라 더 나아가 그에 저항하라고 격려해야 한다.

한강에 서식하며 대낮에도 활보하던 괴물은 본디 인간의 탐욕으로 탄생했으나 가족의 일격을 받고 끝내 소멸한다.[81] 활시위를 겨누고 화염병을 던지는 데 딸 아들이 순서를 다투지는 않는다. 우리의 활 끝은 개개의 인간이 아니라 이 세계를 파괴하는 괴물로 향해야 한다. 가부장제와 신자유주의의 결합으로 탄생한 괴물은 때와 장소를 가리지 않고 출몰하며 우리 안에도 똬리를 튼 지 오래다. 2024년 12월 3일 비상계엄 선포 직후 광장으로 쏟아져 나온 젊은 세대는 이미 저항을 시작했다. 막연히 특정 성별에게, 다음 세대에게 변화를 신탁할 것이 아니라 가능한 한 많은 이가 함께 활시위를 당겨야 한다. 아직 당도하지 않았으나 끝내 만나게 될 세계는 그렇게만 구축 가능하다.

소년의 시간과 공간

화제의 드라마를 뒤늦게 봤다. 먼저 본 이들이 앞다 퉈 추천하길 부모라면 보이는 게 더 많을 거라고, 도저히 중간에 멈출 수 없을 거라고들 했다. 넷플릭스 오리지널 드라마 〈소년의 시간Adolescence〉 얘기다. 〈오징어 게임〉만큼은 아니지만 한국뿐 아니라 전 세계적으로 엄청난 인기를 얻어 2025년 5월 기준 글로벌 누적 시청 수만 1억 3,600만 회를 기록했다. 역시 세간의 평이 대체로 맞았다. 보는 내내 생각이 많아졌고, 앉은 자리에서 4부작을 전부 봤다.

드라마는 아직 앳된 얼굴의 열세 살 소년 제이미가 집에서 체포되는 장면에서부터 시작한다. 같은 학교 여학생이 잔혹하게 살해당했고 제이미가 바로 유력한 용의자다. 수사가 진행될수록 제이미의 온라인 커뮤니티 활동과 내면에 쌓아둔 분노, 그리고 깊은 여성혐오가 드러난다. 평범해 보이는 보통의 가정이었던 제이미 가족은 죄책감과 자괴감에 조금씩 무너지기 시작한다. 드라마는 끝까지 제이미의 유죄 판결이나 처벌을 보여주지 않는다. 심지어 그의 범행 동기도 모호하다. 그 덕분에 시청자들로부터 제이미가 폭주한 원인을 하나로 특정할 수 없고 다양한 요인을 검토해야 한다는 반응을 끌어냈다. 고작 한 소년의 이야기가 아니라 디지털 시대 '인셀' 청소년들에 대한 르포르타주라는 평가에도 동의하는 이들이 많을 것이다.

반면 해법으로 제시되는 결론은 대개 비슷하고 단조롭다. 가족 내 소통을 복원하고, 청소년들이 사회적 외로움을 극복할 수 있도록 공교육을 강화하자는 식이다. 이를 위해 부모들, 특히 아들 키우는 집에서는 이 드라마를 꼭 봐야 한다는 당부까지 이어지지만 어쩐지 석연치 않다. 가정에서 자녀와 대화를 많이 나누며 각별히 주의를 기울이면 여성혐오 같은 극단에 치우치지 않을 것이라는 소박한 바람은 실현되기 어려울뿐더러 적절한 처방도 아니다. 정상 가족 이데올로기를 강화한다는 것도 문제지만, 아버지나 어머니가 건강한 이성상을 보여주어야 한다는 프로이트식 접근은 가정이라는 작은 연극 무대 위에 사건을 가둬버림으로써 현실의 복잡한 맥락과 원인을 일소한다.

드라마를 본 부모들이 경악하고 두려워한 것은 10대들에게 공기처럼 퍼진 여성혐오 문화다. 제이미가 분노를 표출하는 대상이 자신을 조롱한 여자아이와 또래 소녀들, 그리고 여성 심리학자라는 점에서 여성혐오가 이 파국의 발단임은 부인할 수 없다. 정도의 심각성을 몰랐던 어른들은 그저 어리둥절하다. 이 문제를 누가, 어떻게 수습할 것인가. 미성년 교육의 주체인 가정과 학교가 일차적인 책임감을 느끼는 것은 당연하다. 그러나 더 이상 학생들을 통제하지 못하는 학교는 가정교육 문제라 하고, 개별 가정은 공교육이 책무를 저버렸다고 한다. 바라보는 이들도 말을 보탠다. 미디어나 형법 제도가 바뀌어야 한다는 것이다. 모두가 해법을 외집단外集團의 책임으로 돌린다. 결국 문제의 원인은 모호해지고, 해결의 주체는 불분명해지며, 소년은 대상화된다.

사실 여자에게 상처 입은 젊은 남성의 자기 비하와 분노는 그리 새로울 게 없다. 라디오헤드의 히트곡 〈크립Creep〉이 대표적이다. "넌 끝내주는데 난 너무 하찮아서 여기 낄 수 없다You're so fuckin' special / But I'm a creep, I'm a weirdo / I don't belong here"는 이 '못난 남자'의 절규는 한번 들으면 도무지 잊기 어려울 정도로 강력한 파토스를 남긴다. 그래서일까. 아직도 자주 들리고 불리는 이 곡의 공식 뮤직비디오 유튜브 조회수는 10억 회가 훌쩍 넘는다.

무분별한 폭력으로 치닫는 여성혐오도 마찬가지다. 그저 여자라는 이유만으로 끔찍한 폭력의 대상이 되는 여성혐오 범죄는 2016년 강남역 살인 사건 이전과 이후에도 늘 엄존해왔다. 나 역시 소년이 저지르는 여성혐오와 젠더 폭력을 생생히 목격한 적 있는데, 벌써 20년도 더 된 일이다. 서울의 아현고가도로가 철거되기 전, 그러니까 굴레방다리와 아현역 포장마차 거리가 아직 남아 있던 시절, 신촌에서 충정로 방향으로 걸어가던 중이었다. 이른 시간은 아니었지만 그렇다고 공공연히 범죄를 저지를 만큼 야심한 밤도 아니었다. 당시 아현동 고가도로 아래에는 소위 '꽃마차'로 불리는 유사 성매매업소들이 여러 개 밀집해 있었다. '물망초', '로망스' 따위의 상호명을 걸고 맥주와 양주를 파는, 창문이 없어 대낮에도 수상쩍은 느낌을 주는 가게들 말이다. 길을 건너 돌아갈까 망설이던 차에 저 멀리 요란한 소음을 내며 작은 오토바이가 한 대 달려오는 게 보였다. 50시시 택트였다.

헬멧도 쓰지 않은 남자 고교생 두 명이 타고 있었는데 인도로 역주행을 하며 가게 옆을 지나는가 싶더니 뒤에 탄 녀석이 갑자기 업소를 향해 소화기를 난사하기 시작했다. 괴성을 지르며 춤을 추듯 흔들어대는 호스에서 새하얀 분말이 쏟아져 나오고 거리는 순식간에 엉망이 됐다. 그들은 내 옆을 지나 순식간에 사라졌고 나는 황급히 현장에서 도망쳤다. 신고는 엄두도 못 냈다. 지켜보던 나 역시 너무 무서웠기 때문이다. 폭행이냐, 재물손괴냐, 도로교통법 위반이냐를 떠나 이것은 일단 명백한 여성혐오 범죄다.

왜 어떤 소년은 여성을 혐오할까. 왜 점점 더 많은 소년들이 그럴까. 답을 찾으려면 소년이 머문 시간뿐 아니라 공간도 들여다보아야 한다. 이 아이들이 지금 발 딛고 서 있는 세계를 먼저 파악해야 한다는 것이다. 디지털 네이티브 세대라 불리는 요즘 아이들의 일탈은 대개 기술을 매개로 이루어진다. N번방 사건의 충격이 채 가시기도 전에 우리는 2024년 검거된 딥페이크 성착취물 피의자의 83.7퍼센트가 10대라는 사실을 마주해야 했다.

10대들에게 온라인은 결코 가상의 공간, 시뮬라크르가 아니다. "지도는 영토보다 흥미롭다"[82]던 시절에는 재현되고 상상된 이미지가 실제보다 아름다울지언정 인간의 고유한 경험을 대체할 수는 없다고 믿었다. 그러나 오늘의 10대에게 지도는 더 이상 지도가 아니라 확장된 영토다. 이들에게 디지털 공간은 실재하는 사회이자 세계인 것이다. 기실 페이스북, 인스타그램, 틱톡 등 소셜미디어 문화는 아주 오래전부터 10대들이 추동해왔다. 재미있는 짤을 찾아내는 것도, 수만 명이 모이는 페이스북 페이지를 운영하는 것도, 터지는 릴스를 만드는 것도 모두 10대다. PC통신 동호회나 온라인 커뮤니티에서 익명으로 소통하는 데 편안함을 느끼고 아바타에 옷이나 입히며 개성을 표현한다고 믿던 부모 세대와 달리, 이들은 적극적으로 자신을 드러내고 그 세계의 시민으로 활약한다.

어른들은 포토샵이나 앱으로 잔뜩 보정한 프로필 사진을 민망해하지만 이들은 사진 보정을 필수로 여긴다. 어차피 화면으로 만나고 소통하기 때문이다. 코로나 팬데믹을 거치며 마스크와 비대면 수업을 일상적으로 경험한 세대다. 픽셀로 구성된 얼굴이 곧 내 얼굴이다. 그래서 10대는 현실이 아니라 디지털 공간에서 만난 또래의 반응을 통해 자신의 고유한 존재를 인정받는다는 안정감을 느낀다. 한나 아렌트가 말한 '복수성複數性', 인간의 조건을 바로 이곳에서 충족하는 것이다.[83] 같은 인간이지만 서로 다른 개인들이 모여서 말하고 행동하며 함께 만들어가는 세계, 내가 생각하는 나를 타인을 통해 확인하고 인정받는 공간, 여기 디지털 세계가 바로 10대들의 세상, 한나 아렌트가 말한 공동세계다. 그 세계로부터 추방되지 않기 위해 이들은 온종일 스마트폰을 붙들고 타인과 접속하며 평판에 집착한다.

그리고 여기에 소년의 시간, 신자유주의라는 시류가 하

나의 차원으로 더해지며 마침내 세계가 완성된다. 여성학자 김애라는 소셜미디어를 적극적으로 활용하며 인플루언서, 유명 크리에이터 등으로 활약하는 소녀들이 자신도 모르게 노동력을 제공하고 있다는 점을 간파했다. 콘텐츠를 생산하고 퍼 나르며 공유하는 소녀들의 모든 활동이 소셜미디어 업계의 상품이 되어 광고주에게 판매된다. 더구나 이들은 이 무임 혹은 염가 노동을 반기고 동경한다. 공부를 잘하는 것보다 뷰티 크리에이터로 명성을 얻고 트렌디한 라이프 스타일을 영위하는 것이 더 성공한 삶이라 믿는 것이다. 김애라가 보기에 오늘날 10대 여성은 "양질의 교육, 남성과 동등한 기회와 경쟁, 그리고 적극적인 성적 주체"[84]로 정의할 수 있다. 어머니 세대와 달리 가사나 돌봄노동과 거리를 두고 어릴 때부터 패션·뷰티 분야에서 적극적인 소비 주체로 나서는 요즘의 소녀들은 '자기계발이라는 신자유주의적 이상의 여성적 버전'을 자발적으로 구현한다.

반면 10대 남성들은 스스로를 약자 혹은 피해자로 보는 경향이 짙다. 〈소년의 시간〉 속 제이미도 연루되었던, '비자발적 독신주의자'라는 뜻의 인셀Involuntary celibate 문화가 바로 그렇다. 이들은 유능하고 매력 넘치는 알파남과 오직 그들만 상대하는 (것으로 보이는) 여성 일반이 자신을 소외시킨다고 여긴다. '존잘남'도 금수저도 아닌 평범한 청년 남성은 그래서 여성을 혐오한다. 여기에 더해 김주희는 신자유주의 경쟁 체제 속에서 젊은 남성들이 여성의 몸은 자산으로

185

인식하는 반면, 자신들의 몸은 '돈이 되지 않는', 오로지 노동력으로만 교환될 수 있는 몸이라고 여기는 현상을 지적했다.[85] 이는 비단 성매매뿐 아니라 취집, 된장녀, 퐁퐁남 등의 신조어가 꾸준히 만들어지는 데서 볼 수 있듯 여성을 무임승차자, 불로소득자로 여기는 오랜 편견과 궤를 같이한다. 남자들이 보기에 '여자로 태어난 운'으로 평생 지대를 획득할 수 있는 이들과 자신들의 경쟁은 터무니없이 불공정하다. 금수저의 자본소득을 흙수저의 노동소득이 따라갈 수 없는 것과 같다. 경쟁의 결과를 이미 알고 있기에 헛되이 행동하는 대신 "그저 혐오하고 피함으로써 자신을 보존하는 것이 생존의 책략이 된다".[86]

이제 소년은 부모와 다른 시간과 공간에 산다. 대를 이어가며 전통처럼 물려받던 세대 차이가 아니라 흡사 존재론적 차이에 가까울 정도의 깊은 간극이다. 아이들은 이미 가족과 학교 대신 디지털 세상을 자신들의 공통세계로 채택하고 부모 곁을 떠났다. 그곳에서 부유하고 방황하며 일탈한다. 독립된 개인으로 상대와 끊김 없이 소통하고 있다는 사실에 고무되어 있지만 실상 이들의 내면세계는 공허하다. 소통하고 있다는 사실 자체가 중요할 뿐 소통의 내용은 큰 의미가 없기 때문이다. '넷상 친구'에게 느끼는 친밀감과 안정감은 현재 접속 중이라는 것을 보여주는 녹색점이 명멸하는 동안만 유효하다. 또한 디지털 세계는 데이터를 화폐 삼아 감정을 사고파는 플랫폼 자본주의가 점령한 신자유주의의 경연장이다. 여성혐오의 유구한 역사와 사례가 낱낱이 기록된 아카이브이기도 하다. 그래서 디지털 세계는 여전히 시뮬라크르다. 오늘 우리의 현실이 그대로 반영된 정교한 복제품이되 세련된 테크놀로지로 사람들을 매혹한다는 점에서 하이퍼리얼이다.

돌아보면 그동안 아무도 책임을 다하지 않았다. 디지털 네이티브의 출현을 열렬히 환영하며 이들이 만들 한국형 실리콘밸리를 꿈꿨을 뿐, 새로운 공간에서의 윤리와 민주주의에 대해서는 깊게 고민하지 않았다. 전문가의 경고를 무시하다 기어이 쓰나미나 대지진을 맞닥뜨리는 재난 영화의 주인공처럼 우리는 너무 오래 낙관하고 안일했다. 시대 변화에 따른 자본의 움직임에는 그토록 민감했으면서 어린 사람들의 세계에 일어난 지각변동에는 더없이 둔감했다. 성적 말고 성장은 자연의 흐름과도 같으리라 믿었던 많은 부모가 아이의 변화에 침묵했다. 성교육이 중요하다면서도 섹스는 즐겁고 행복하며 편안한 사랑의 대화여야 한다고 누구도 알려주지 않았다. 대신 10대들은 섹스를 인터넷과 미디어로 배운다. 그래서 동의 없는 성관계가 문제이며, 상대를 성적 대상으로만 취급해서는 안 된다는 사실도 모른다. 가해자를 집단에서 분리시키고 악마화해도 사건이 반복되는 이유는 여기에 있다. 썩은 사과 한 알을 상자에서 골라낸다고 남은 사과들이 멀쩡할 리 없는 것이다. 사과가 썩는 환경, 여성혐오가 보편이 된 세계가 온존하는 한 제2, 제3의 제이미는 계속 나올 것이다. 아이들이 실제라 믿는 하이퍼리얼 세계, 가령 연애 리얼리티쇼나 소셜미디어 속의 화려한 셀럽들은 여성의 외모 권력이 얼마나 전능한지, 20퍼센트의 남성이 80퍼센트의 여성을 차지한다는 말이 왜 반박 불가능한 사실인지 입증한다. 아이들은 그렇게 연애와 사랑을 학습한다. 그리고 사회에서 합의한 룰에 따라 어떤 여성은 혐오해도 된다고 배운다.

소년의 시간이 흐르는 동안 아무도 제구실을 하지 않았으니 이제 모두가 책임을 다해야 한다. 그것은 부모든 부모가 아니든 이 사회의 구성원 모두가 여성혐오를 멈추는 데서 시작한다. 10대들의 여성혐오는 문제의 원인이 아니라 결과이기 때문이다. 기술을 매개로 디지털 공간에서 이뤄지는 성범죄에 대한 사회적 합의도 시급하다. 물리적으로 실재하는 사건과 그 음란성을 기준으로 삼는 기존의 성폭력 개념을 온라인에 그대로 덮어씌우기만 해서는 곤란하다. 온라인 공간에서 발생한 '경미한' 범죄가 온·오프라인 모두에서 매우 파괴적인 영향을 미치고 있는 현 상황을 직시하는 일이 우선일 것이다.

새로운 세대의 디지털 공간으로의 이주는 비가역적이다. 청소년의 소셜미디어 사용을 법으로 금지하고 공적으로 미디어 교육을 강화한다 해도 이들은 쉽사리 자신들의 '공통 세계'를 떠나지 않을 것이다. 그러나 모든 기술이 처음 도입될 때 대체로 그랬듯 디지털 기술 그 자체는 아직 가치중립적이다. 온라인에서 만나 연결된 청년들은 '페미니즘 리부트'를 일으켰고, 민주주의를 지키고자 광장을 가득 채웠다. 물리적 장벽을 제거하고 소통의 범위를 무한대로 넓혀주는 디지털 본연의 기능이 유지되는 한 우리는 아직 소년 소녀들에게서 변화의 가능성을 타진할 수 있다. 소년의 시간은 아직 멈추지 않았다.

가해자도 피해자도 아닌

우연히 포털 사이트에 뜬 주니어 브라 광고를 보고 질색했다. 엄마가 딸에게 제대로 된 브라를 미리 챙겨주지 않으면 (가슴 모양이 미워질뿐더러) 남학생들에게 놀림을 받는다는 것이다. "아이스케키~!" 하며 치마를 들추는 남자아이가 잘못인가, 치마 안에 속바지를 챙겨 입지 않은 여자아이가 잘못인가. 험한 일 당하지 않으려면 여자가 알아서 조심하고 방어하라는 식의 구태가 불쾌했다. 아무리 세일을 해도 저 회사 속옷은 절대 사지 않으리라. 내가 딸 가진 엄마라 그럴까. 자기 아들이 성폭력의 가해자일 경우, 우리 애도 실수했지만 사실 그 여자애가 원래 좀 그런 애더라는 식의 변명을 늘어놓는 부모를 볼 때면 한숨이 절로 나온다.

사실 아들 엄마, 딸 엄마 간의 불편함은 성교육이 시작되면서 본격화된다. 남녀공학에 남녀합반인 혼성교육이 표준으로 자리 잡고 그새 세상도 많이 변했다지만 여전히 학교에서는 성교육에 어려움을 겪는다. 학부모 간의 입장 차이가 워낙 크기 때문이다. 남녀 성기의 명칭을 어릴 때부터 정확하게 알려줘야 한다는 부모가 있고, 그 단어를 입에 담기도 어려워하는 부모가 있다. 이런 상황에서 갑자기 독일식 성교육을 의무 도입하겠다고 하면 일부 부모들과 보수 종교단체의 반발이 들불처럼 일어날 것이다. 독일에서는 초등학교 1학년부터 고등학교 1학년까지 모든 학생이 의무적으로 성교육을 받는데 그 내용이 무척 개방적이고 구체적이다. 이성 관계와 섹스 등 청소년이 가장 호기심을 보이는 대목부터 피임

법, 성병, 성관계 시 동의의 중요성까지 연령에 따라 필요한 내용을 조목조목 알려준다. 이 독일식 성교육의 핵심 목표는 나와 타인의 성적 자기결정권을 존중하고 성폭력을 예방하는 현실적인 방법을 알려주는 데 있다. 하지만 우리 사회는 아직 성교육의 목표와 수단에 대한 사회적 합의를 이루지 못했다.

아들이 넘치는 호기심을 주체하지 못하고 성폭력 사건에 휘말릴까 걱정이 된 엄마들은 학교 대신 사설 성교육 업체에서 답을 찾는다. 사춘기 남녀 학생들이 긴밀하게 접촉하는 학원에 보내기 전, 다른 아들 엄마들과 함께 성교육 그룹 과외를 시켜주는 것이 일종의 매너가 되기도 했다. 그 심정을 모르지 않는다. 몇 년 전의 일이다. 추운 겨울날, 코트 자락을 바짝 여미며 아파트 단지를 빠져나가는 길이었다. 단지와 벽을 맞댄 바로 옆 중학교 건물에서 누군가 큰 소리로 나를 불렀다. "갈색 코트 아줌마!" 주변에는 아무도 없고 내 코트는 갈색이니 나다. 나를 부른 게 맞다. 소리가 난 곳을 올려다보니 3층 창문을 열고 고개를 내민 남학생 둘이 보인다. 나와 시선이 마주치자 그중 한 녀석이 다시 소리를 질렀다. "진규가 하고 싶대요!" ……. 이거, 성희롱 아닌가? 그날 밤 남편에게 이 사건을 들려주니 남편은 깔깔 웃으며 지극히 정상적인 발달 과정을 겪고 있는 아이들이라 했다. 나는 그저 아들을 안 키워서 천만다행이라는 생각뿐이었다.

실제 학교에서는 학생들 간의 말썽이 특정 성별에 대한

혐오로 이어지거나 부모들 간의 분란을 야기하기도 한다. "쯧쯧, 중2 남자애라는데 뻔하지." "그 여학생이 사실은 좀 날라리거든요." 부모들이 흔히 보이는 이런 반응은 일종의 부당 대립이다. 사건의 정황이나 앞뒤 맥락을 자세히 들여다보지 않고 남녀 간의 차이나 성별 갈등만으로 본질을 호도하기 때문이다. 아이의 잘못이 무지에서 온 것인지, 숨겨왔던 폭력적 성향이 드러난 것인지, 트라우마에서 기인한 것인지 그 원인을 정확히 알아야 대책을 세우고 재발을 막는다. 부모의 맹목적 사랑과 연민이 자식의 잘못된 믿음을 강화하는데 일조하면 아이는 부모의 품을 떠나는 순간, 혹은 그 품안에 몸을 숨긴 채 또 다른 N번방을 찾아간다.

특히 남학생들은 청소년기에 진입하자마자 또래 집단과 미디어의 부름에 따라 '남자 되기'를 강요받는다. 남자가 되기 위해서는 일단 남자들의 방에 들어서야 한다. 피시방과 메신저 대화방, 온라인 커뮤니티에서 남학생들은 이성을 대상화하고, 성적 농담을 스스럼없이 주고받으며 타인에 공감하는 대신 그들을 조롱하는 법을 배운다. 남자가 가장 기피하는 것은 상대의 감정을 헤아리고 돌보는 일이다. 그것은 '을'이나 여성처럼 낮은 위치의 사람이 하는 일이므로 감정과 돌봄노동의 행위자가 되는 순간 그들은 "남자가 되지 못하는 위험, 남성문화에서 배제되는 위험"[87]에 처한다. 더욱 우려되는 것은 최근 남자 중고등학생들 사이에서 번지고 있는 안티 페미니즘 문화다. 요즘 남학생 사이에서 최고의 욕은 "너 게이지?", "너 페미냐?" 같은 것들이다. 상대를 비하하고 소수자를 스스럼없이 혐오하는 모습을 서로 따라 하며 남자로서의 자의식을 확인하고 소속감을 유지한다. 여성은 여성이라는 자신의 정체성을 숨 쉬듯 자연스럽게 확인하는 반면, 남성은 그렇지 않은 것이다. 가슴이 깊게 파인 옷은 입지 말고, 너무 늦기 전에 귀가해야 하며, 음식은 조금만 먹으라는 식의 온갖 제약과 압박 속에 여자 되기를 오랫동안 훈련해온 여성들은 자신의 정체성을 모르려야 모를 수가 없다. 같은 여성들 간에 소속감과 동질성을 느끼기도 쉽다.

그러다 보니 남녀 학생 간에 피해자 경쟁이 벌어진다. 여학생들이 겪는 성차별은 남학생들이 주장하는 역차별에 맞서 당위를 증명해야 한다. 여자든 남자든 자신의 정체성을 피해자로 삼아야 그 존재를 인정받고 발언권을 얻게 되었다. 차이가 아닌 차별이 당연한 것이 되고, 성폭력이나 페미니즘이라는 말은 상대를 무너뜨릴 비기로 쓰인다. 그러나 서구 역사에서 유대인 박해가 오늘날의 시오니즘으로 변모했다는 사실이 보여주듯, 이런 식의 의도된 피해자 정체성 정치는 바람직하지 않을 뿐 아니라 무척 위험하다.[88] 당장에 우리 공동체를 낙후시키며 어린 세대의 문제라는 점에서 먼 미래에까지 비관의 그늘을 드리운다.

어느 날 갑자기 학교가 이렇게 된 것은 아니다. 여성가족부가 실상은 남성혐오부로 활약한다든지, 현행 성범죄 지원 정책이 헌법의 무죄추정원칙을 위반한다며 피해자 입을

틀어막은 이들이 먼저 있었다. 모두 성공한 어른이고, 대개 정치인이거나 정치인을 지망하며 유튜브 등에도 자주 나온다. 아이들에게 타인의 감정을 가로채고 얼른 피해자의 자리를 선점하라고 가르친 이들이다. 경제성이라는 단 하나의 가치를 맹목적으로 추구하는 동안 이 세상은 다른 성별, 다른 성적 지향, 다른 생각과 외모, 다른 정체성을 인정하지 못하고 아주 작은 차이에마저 공포와 혐오의 마스크를 씌워 얼굴을 지워버렸다.

오드리 로드는 경제적 이윤만을 추구해온 우리 사회가 지금껏 차이를 다뤄온 방식은 오직 세 가지뿐이었다고 지적한다. 먼저 차이를 무시하라. 무시할 수 없고 그 차이가 지배적이라면 차라리 그대로 모방하라. 그러나 그 차이가 종속적인 것이라면 파괴하라.[89] 우리 아이들에게는 모방해야 할 삶의 원형이 있고, 파괴해야 할 잉여의 삶도 있다. 이 강력한 차별 기제 앞에서 아이들은 한 살 두 살 나이를 먹을수록 자기 고집을 꺾고, 개성을 숨기며, 주관을 잃는다. 아니, 도난당한다.

그러나 차이야말로 인간이 발휘할 수 있는 고유한 힘이고 집단적 역량이다. 오드리 로드가 강조했듯 "차이로부터 나오는 역동적 힘은 우리가 공동의 목적을 가졌을 때 자아에 대한 각자의 정의를 위협하는 게 아니라 더욱 풍요롭게 한다". 달리 말하자면 우리는 타인을 통해서만 나를 새롭게 볼 수 있고 온전히 이해할 수 있다. 차이는 유사성을 전제로 한다. 트럼프 카드 한 벌은 얼핏 보면 엇비슷한 카드 52장이지만 가까이 들여다보면 빨간색과 검은색으로 구분된다. 더 자세히 보면 같은 빨간색이어도 다이아몬드와 하트 수트가 또 다르다. 인물이 그려진 페이스 카드도 있다. 우리 역시 다른 이들과 어느 정도의 보편성을 공유하기 때문에 서로 간의 차이가 발생하는 것이지, 차이만 존재한다면 우리는 차이를 차이로 인식할 수 없을 것이다. 그러므로 차이를 이해한다는 것은 나와 우리를 잇는 유사성을 인정하는 동시에 내 안에 존재하는 타자성을 발견하는 것이다. 결국 레비스트로스의 말처럼 "타인 중의 타인으로" 나를 이해하는 자세가 나를 구한다.

우리 아이들의 성교육도 여기서 출발하기를 바란다. 성별의 차이가 아닌 개인 간의 차이에 주목하는 유연한 태도와 넓은 시야를 갖추는 일이 선행되어야만 자발적으로 반反성폭력을 실천할 수 있다. 다양한 차이로부터 나오는 변화무쌍한 역동이 성평등이라는 공동의 목적에 기여할 때 각 개인 또한 더욱 풍요롭게 성장할 수 있을 것이다.

성교육 전문 강사 조아라는 새로운 성교육의 지침으로 아이들에게 성폭력의 '목격자 되기'를 제안했다.[90] 누구든 잠재적 가해자나 피해자에 위치시킬 것이 아니라 모두를 목격자이자 감시자로 기르자는 것이다. 목격자는 자신이 간접 경험한 것을 공론장으로 소환함으로써 피해자를 돕고 제2의 폭력이 발생하는 것을 방지한다. 감시자는 폭력이 일어나지 않도록 사전에 주의를 기울인다. 교육의 일환일지라도 모두가 '목격자 되기'라는 단일한 과제를 부여받으면 폭력이 곧 모두의 문제이자 자기 문제라는 인식으로 확장된다. 또 주목해야 할 것이 분명하다 보니 폭력이 무엇인지에 대한 핵심을 단순명료하게 전달할 수도 있을 것이다.

그러나 불행히도 우리 성교육은 계속 뒷걸음질 치는 중이다. 당장 서울시만 보더라도 성교육 정책 방향이 국제 인권 기준에 미치지 못한다고 유엔 아동권리위원회의 권고를 받은 바 있다. 이제라도 성적 지향과 성 정체성을 포함한 포괄적 성교육이 필요하다는 것이다. 실제 OECD 국가 중 약 80퍼센트, 유엔 회원국 약 132개국에서 포괄적 성교육을 아동의 필수 권리로 보고 의무적으로 시행 중이다. 하지만 한국 교육부는 낡고 오래된 성교육표준안조차 아직 제대로 손보지 못한 상태다. 한 차례 개편을 했다지만 "여자는 무드에 약하고, 남자는 누드에 약하다" 같은 시대착오적 문구는 굳이 남기고 '성적 지향'이라는 용어는 모조리 삭제하는 등 오판을 거듭했다.

날이 갈수록 거세지는 페미니즘 백래시의 진격에 우리에게는 이제 더 물러설 곳도 없다. 한국의 초·중·고등학교 학생들은 연간 15시간 이상 의무적으로 성교육을 받아야 하지만 지금 학교에서는 "쌤 페미냐?"는 남학생들의 성화에 성평등은커녕 형식적인 성교육조차 제대로 진행하기 어려운 형편이다. 이제는 EBS 〈딩동댕 유치원〉에서도 유아 성교육을 할 정도로 성교육의 중요성은 날로 커지는데 부모 또한 어찌할 바를 모른다. 부모 세대 역시 제대로 교육을 받은 적 없으니 무엇을 어떻게 가르쳐야 할지 모르는 것이다. 결국 공교육이 돌파해야 한다. 성교육이 아닌 정치 교육이라는 비난을 듣더라도 성적 지향을 포함해 서로의 경계를 인식하고 차이를 존중하는 법을 알려주는 교육이 학교 내에서 과감히 이루어져야 한다. 유엔이 포괄적 성교육을 아동의 권리라고 본 이유는 성관계를 포함한 모든 종류의 관계 맺는 법이 인간으로 살아가는 데 반드시 필요한 능력이자 생존의 수단이기 때문이다.

199

단 한 명의 어른

집 앞에 중학교가 있다 보니 매일같이 중학생을 본다. 요즘 애들은 뭐든 빠르다지만 중학생은 아직 중학생이다. 헐렁한 생활복이나 체육복 차림으로 무리 지어 돌아다니고 별것 아닌 일에 떠들썩하게 군다. 똑같은 복장이어도 얼굴이나 체형은 아이마다 제각각이라 아이와 어른 사이의 넓은 스펙트럼을 두루 채운다. 나도 모르게 흠칫 놀랄 때도 종종 있다. 서로의 어깨와 허리에 팔을 두르고 다정하게 걸어가는 중학생 커플을 볼 때, 나보다 더 능숙하게 화장한 여학생과 마주쳤을 때, 단지 내 상가 비상계단에 나붙은 "흡연 적발 시 학교에 연락합니다. CCTV 작동 중"이라는 경고문과 그 밑에 보란 듯 내버려진 담배꽁초들을 마주할 때 등이 그렇다. 무례한 태도라는 것을 알면서도 자꾸만 힐끔거리게 된다. 작게 혀를 차기도 한다. 2년 후면 중학생이 될 내 딸아이가 떠올라 걱정스러운 마음이 들었다면, 변명이다. 내 딸도 남자 친구, 여자 친구가 그냥 성별 다른 친구가 아니라는 것을 안 지 오래됐다. 계절이 바뀌면 올리브영도 아닌 올영에 가서 틴트를 새로 사야겠다고도 한다. 결국은 내 오랜 편견 탓이다. 나 같은 '평범한' 어른들에게 비행 청소년은 예비 소년범이고, 소년범은 작은 악마다. 몇 년 전 끈질긴 취재를 통해 소년범 기획 기사를 공들여 냈던 기자들이 받았던 피드백 중 하나는 왜 기사 속 가명을 흔한 이름으로 사용했냐는 항의였다. 기사 속 소년범과 자신의 자녀가 이름이 같아 기분이 나쁘니 김 아무개나 A군 등으로 표기하라는 것이다.[91] 이름이 같은 것만으로도 불쾌한 존재, 절대 곁에 둘 수 없는 악의 기원, 내 아이는 절대 속할 리 없는 저 세계의 이방인이 바로 소년범이다.

우리는 아이들에게 존중받고 싶으면 존중받을 행동을 먼저 하라고 강권한다. 잘못된 행동에 그럴 만한 이유가 있었다고 항변하면 일단 들어나 보겠다며 슬쩍 귀를 여는 척한다. 전형적인 패트러나이징patronizing이다. 정확히 등치되는 한국어가 없는 이 단어는 '다른 사람에게 친절을 베풀면서 그들보다 우월하다는 생각을 드러내거나 그들을 시혜 혹은 자선의 대상으로 보는' 태도를 뜻한다. 귀여운 강아지 캐릭터 스누피를 창조한 만화가 찰스 슐츠는 만화 〈피너츠〉에 흑인 캐릭터를 넣어달라는 독자의 편지에 조심스럽게 답했다. 흑인 아이 한 명을 등장시키는 것이 자칫하면 흑인을 패트러나이징하는 것으로 보일까 우려스럽다고.[92] 실제 편지가 오고 간 1960년대는 인종 분리가 합법이었고 대다수 동네에서는 백인 아이들만 모여 나와 놀았다. 슐츠는 스누피의 흑인 친구가 할리우드식 토큰 블랙token black, 즉 형식적으로 넣은 흑인 조연 캐릭터가 될까 염려한 것이다. 이후 슐츠는 흑인 캐릭터가 등장하는 것만으로도 서로 간의 우호적인 태도를 아이들에게 전달할 수 있을 것이라는 흑인 독자의 편지를 받고서야 마음을 바꾼다. 최초의 흑인 아이 캐릭터 프랭클린이 등장하게 된 데에는 이토록 오랜 숙고의 시간이 필요했다.

203

친절한 배려지만 오히려 상대에게 모욕감을 줄 때가 있다. 어린이나 청소년을 대하는 어른의 패트러나이징한 태도가 그렇다. 상대를 막연히 부족하다고 여기고 잘 가르쳐줘야 한다고 생각하는 것은 그를 한 명의 동등한 인격체가 아니라 하위 주체로 보는 것이다. 하지만 아이나 어른이나 마음은 똑같은 법, 자신을 무시하는 것을 모를 리 없다. 더구나 이성보다 감정에 먼저 휘둘리는 나이인지라 상대가 자신을 대하는 태도에 더욱 과민하게 반응한다. 어른 말이라고 무조건 듣는 것이 아니다. 상대가 나를 얕잡아 보지 않을 것이라는 믿음, 내 말을 듣고도 나를 내치지 않을 것이라는 신뢰가 있어야 상대를 믿고 내 이야기를 한다. 중고생의 이성 교제는 색안경을 끼고 보며 무조건 금지하는데 불륜과 치정, 폭력이 빠지지 않는 어른들의 연애는 그보다 얼마나 성숙하고 고차원적인가. 그러니 아이들은 부모와 선생 대신 자기 말을 잘 들어줄 다른 어른들, 선배들을 온라인에서 찾는다.

우리는 이들에게 남을 존중하는 법을 가르치려 들지만 사실 그보다 먼저 알게 해주어야 할 것은 나를 존중하는 법이다. 나를 존중하지 못하는 사람은 타인을 존중할 수 없기 때문이다. 인간은 늘 자기가 대접받고 싶은 방식대로 다른 사람을 대접한다. 예의를 중시하는 이는 자기가 먼저 예의를 차리고, 개인 간의 거리를 유지하길 원하는 이는 다른 사람에게 섣불리 먼저 다가서지 않는다. 이처럼 자신을 존중하는 법은 타인과의 관계 속에서 단련되기에 좀처럼 쉽게 익히

기 어렵다. 공부고 운동이고 잘하는 것이 하나도 없는 아이들, 가난한 아이들, 부모나 보호자가 없는 아이들에게는 더욱 힘들다. "더위나 추위, 어둠 같은 것들이 한번 고이고 나면 좀처럼 빠져나가지 않는" 동네가 싫어서 살던 곳을 등지고, 마음 붙일 가족이 한 명도 없으니 "집에서 필요한 모든 것들을 가능한 한 집 밖에서 구하고 얻으려"[93] 집을 떠난다. 무조건 자신을 지지해줄 줄 알았던 부모가 지옥 같은 타인이 되기도 한다. 아이를 존중하기는커녕 정체성을 통째로 부정하려 드는 부모들이다.

일반적이지 않은 정체성을 타고난 유성이는 어느 순간부터 매 일상이 고통스러웠다. 출생 시의 지정 성별과 스스로 인식하는 성별이 달랐기 때문이다. 고등학교도 자퇴하고 힘겨워하던 유성이를 가장 학대한 사람은 다름 아닌 친모였다. 돈이 아깝다며 병원도 보내주지 않았다. 그런 아이를 응원해준 어른은 부모가 아니라 연극 〈카지노〉에 출연한 배우들이었다. 지금 유성이는 연극연출가를 꿈꾸며 내일을 기다린다. 다다 역시 게이 정체성이 드러난 후 친구들에게 놀림받고 일부 선생님들에게는 정신병 있는 학생 취급을 받았다. 지푸라기 잡는 심정으로 부모에게 털어놓자 아빠는 그를 무섭게 때렸다. 다다를 일으켜준 것은 초등학교 6학년 때의 기억이었다. 병원에 입원했을 때 가족보다 더 살뜰히 자신을 돌봐준 간호사에게 품은 감사한 마음을 붙들고 겨우 버텨낸 것이다. 집을 나온 다다는 현재 보건교사가 되기 위해 간호학과

205

에 재학 중이다.[94]

꼭 부모나 선생이 아니어도 된다. 집과 학교에서 내쳐진 아이들에게 단 한 명의 어른만 있어도 아이는 다시 꿈을 꾼다. 엄마, 아빠, 선생님 등 조건 없이 믿었던 어른들에게 외면당한 아이들에게도 자신의 이야기를 들어주고 믿어주는 다른 어른이 필요하다. 너 지금 괜찮다고, 자신의 모습을 인정해주고 응원하는 이가 단 한 명만 있어도 그 아이는 밀려나지 않는다. 소수자일지언정 공동체를 떠나지 않는다. 다행히도 아직 세상에는 그런 어른들이 있다. 2007년 발생한 수원역 살인 사건의 범인으로 몰렸던 가출청소년들의 억울한 누명을 벗겨준 이는 부모나 학교 선생님, 경찰, 검사 누구도 아니었다. 바로 청소년 상담센터 선생님들이었다. 선생님들은 아이들의 어수룩한 말에 귀 기울이고 진심을 믿어주었으며 재심 전문 변호사를 직접 찾아가 도움을 요청했다. 그리고 법적 투쟁을 벌이는 내내 이들 곁에 보호자로 서주었다.

책을 읽고 감상하는 법을 처음 배운 열일곱 살 소년이 있다. 민우는 태어나서 지금까지 단 한 번도 누군가 자신에게 책을 읽어준 적이 없었는데 소년원에 수감되고 나서야 교육 프로그램의 일환으로 독서가 무엇인지 알게 되었다. 몇 번에 걸친 독서 수업 후 민우는 인생 최초의 국어 선생님께 정성스럽게 편지를 썼다. 독서가 취미가 될 것 같다고, "저를 늘 환대해주셔서 고맙습니다"라고.[95] 설리번 선생님이 헬렌 켈러의 손에 물을 직접 쏟아부어 물이 무엇인지 알려준 것처럼 선생님은 민우에게 '환대'의 뜻이 무엇인지 몸소 부딪치며 알려주었다. 민우에게 단 한 명의 어른이 되어주었다.

교육 사각지대에 놓인 청소년들을 돕는 비영리 교육 소셜벤처 점프JUMP의 선생님들은 아이들을 변화시키는 데 특별한 비법 같은 건 없다고 한다. 다만 "어떤 아이들에겐 누군가의 따뜻한 응원 하나가 살아갈 힘"이 된다고, "한 번이라도 다정한 관심을 받은 아이는 다르다"고 했다. 그래서 점프 소속 7,300여 명의 봉사자는 지난 15년 동안 2만 6,000명의 청소년과 같이 공부하고 공을 차거나 퍼즐을 맞추며 464만 291시간을 함께 보냈다. 그렇게 점프와 활동한 아이들은 그 어른들을 '아름다운 사람' 혹은 '좋은 사람'이라고 기억한다. 그리고 그들과 마찬가지로 좋은 어른이 될 꿈을 꾼다.[96]

자기 존재를 어른으로부터 인정받으면, 그래서 이런 나라도 대접받고 존중받을 만한 사람이라는 것을 확신하면 아이는 자연스레 타인을 존중할 수 있게 된다. 큰 잘못을 저지른 아이더라도, 촉법소년 연령 논란을 재점화할 정도로 폭력적인 범죄를 저지른 아이더라도, 타인과 사회를 모욕한 그런 아이더라도, 아니 그런 아이들일수록 자신을 존중하는 법을 먼저 가르쳐주어야 한다. 그러나 우리 사회는 입 모아 엄벌주의만 외친다. 강력범죄를 저지른 소년범들은 사회로부터 철저히 격리시켜야 한다는 이들의 주장처럼 소년범들을 일제히 엄벌한다면, 이후 이 아이들은 대체 어떻게 될까. 긴 형을 살고 나와봤자 아직 20~30대일 이 희망 없는 청년들 앞에

놓여 있는 선택지가 재범이나 자살 말고 무엇이 더 있을까.

섣부른 온정주의로 가해자 서사를 쓰려는 것이 아니다. 피해자의 회복과 가해자의 교정을 서로 다른 문제로 구분해서 접근해야 한다는 말이다. 두 가지 모두 국가의 중요한 역할이다. 믿을 만한 어른이 없어서, 아는 형이나 언니를 따라갔다가 저도 모르게 범죄의 세계에 발을 디딘 아이들은 어른들을 따라 하며 범죄의 '체급'을 높인다. 이 아이들이 사회에 복귀해 한 사람의 성인으로 제 역할을 다하고 더 이상 위해를 끼치지 않도록 교정하는 것은 피해자를 지원하는 일과 별개로 국가가 마땅히 짊어져야 할 책무다.

그러나 교정의 역할을 다하기엔 소년원의 실태가 너무 처참하다. 전국의 모든 소년원 시설이 교도소보다 열악한 상황이다. 방마다 벽지 하나 제대로 붙어 있는 곳이 없고 멀쩡한 책 한 권 찾기 어렵다. 도서관이나 도서 구입 예산 자체가 없기 때문이다. 마음의 양식뿐 아니라 실제 먹을 양식도 곤궁하다. 소년원 급식비는 2022년 기준으로 한 끼에 2,185원, 동년배들이 다니는 중학교 급식비의 절반 수준에 불과하다. 게다가 소년원에는 원생 간의 비교나 다툼을 막기 위해 영치금 제도 자체가 없고 매점도 두지 않아 원생들은 초코파이 하나 사 먹을 수 없다. 이에 20대 국회에서 소년원 급식 비용을 상향하고 처우를 개선하자는 주장이 제기됐지만 여론은 싸늘했다. 떡잎부터 노란 범죄자들에게 세금으로 한 끼 주는 것도 아깝다는 반응이었다. 소년원에 들어가기 전에도 밥을 못 먹어 남의 돈에 손을 댔던 아이들이다. 이 아이들이 과연 이런 환경에서 나를 존중하는 법을 배울 수 있을까.

소년부 판사로 근무하며 약 1,500건의 소년 사건을 처리한 박주영 판사는 고백한다. 아이들이라고 시종 악하게 사는 것이 힘들다는 걸 모르지 않으며 평범한 일상 대신 수사기관이나 법정, 소년원에 붙들려 있는 것 또한 원하지 않는다고 말이다. 그럼에도 불구하고 이들의 잘못이 반복되는 것은 "자신들의 힘든 처지를 들어줄 사람이 아무도 없기 때문이다".[97] 이제 이들에게도 '친밀한 감시자'가 필요하다. 범법자의 지도·감독이나 원호뿐 아니라 그들의 이야기를 들어주는 보호관찰관이 대표적이다. 범죄에 연루된 이들의 마음속에 "복잡하게 얽히고설킨 절망·고통·의문의 실타래"를 풀어주고 인생의 "어두운 곳을 밝혀주면서도 아무렇지 않은 척하는",[98] 그래서 이들이 낙인의 저주를 피해 안정된 환경에서 평온한 마음으로 이 사회에 뿌리를 내릴 수 있도록 도와주는 보호관찰제도가 단단히 정착해야 한다. 돌아온 탕아를 받아줄 가정이 없는 아이도, 기적처럼 나타날 선한 어른을 만나지 못한 아이도 보호관찰관이라는 단 한 명의 어른은 만날 수 있어야 한다. 그러나 2021년 기준 우리나라 보호관찰관 한 명이 관리하는 청소년 수는 무려 118명에 달한다. OECD 주요 국가의 1인당 평균이 27.3명이라는 점과 비교할 때 무척이나 아쉬운 수치다.[99]

미성숙한 상태를 벗어나기 위해서는 지성보다 용기가

209

필요하다. 칸트는 계몽이 '스스로 초래한 미성숙에서 벗어나는 것'이라고 했다. 미성숙은 무지의 소산이 아니라 타인의 가르침 없이 자신의 지성을 사용할 결단을 내리지 못해서 생긴다는 뜻이다. 주위의 눈치를 보지 않고 자신이 맞다고 생각하는 대로 선택하고 행동할 결단을 내리기 위해서는 그 용기를 마중물처럼 끌어올려줄 성숙한 타인이 필요하다. 어린 몸과 마음으로는 결코 감당할 수 없었던 사건이나 감정을 겪은 아이들에게 가장 필요한 것도 바로 그 용기다. 단 한 명의 타인이면 충분하다. 너는 충분히 이 세상에 존재할 가치가 있고, 그뿐 아니라 나중에는 네가 오히려 이 세상에 무언가를 줄 수 있게 될 거라고 말해줄 수 있는 바로 그 한 사람. 하물며 어른에게도 그런 응원은 귀하고 간절하다. 아이들은 어른을 볼 때 그의 직업이나 지위, 재산이나 명성으로만 사람을 보지 않는다. 그가 나를 어떤 시선으로 바라보는지, 어떤 태도로 대하는지를 통해 그를 본다. 그리고 그 어른과 대화하며 자신을 돌아본다.

아무래도 이제 어른들은 조금 주저할 필요가 있겠다. 살아가며 어떤 아이를 만나든 숨을 고르고 귀를 먼저 열면 좋겠다. 나는 맞고 너는 틀리다는 확신으로 상대를 대하기보다 동등한 위치에서 의견을 주고받을 수 있는 시민으로 대했으면 한다. 실제 기후와 환경 분야에서는 그레타 툰베리 Greta Thunberg 말고도 많은 청소년 환경운동가들이 눈부시게 활약 중이다. 열다섯 살의 나이로 세계에서 두 번째로 어린 유니세프 대사가 된 페넬로페 레아Penelope Lea는 여덟 살 무렵에 최초로 기후 위기에 관심을 갖기 시작했다. 여섯 살부터 채식을 시작해 열 살에 테드TED 최연소 강연자로 초청받아 동물권과 환경보호를 널리 알린 제네시스 버틀러Genesis Butler도 있다.

이 젊은 시민들의 적극적인 정치를 기특하고 대견한 대외 활동 정도로 여기는 태도는 이들을 위축시킨다. 열기와 흥분을 잘 다스리지 못하는 모습을 조소해도 아이들은 상처받고 주저앉는다. 막연한 희망의 언어나 현실을 모르는 충고가 오히려 해가 될 때도 있다. 고통의 원인을 아이에게 귀결시키는 어른의 이기적인 논리가 아이들을 자기 비하와 열패감에 빠뜨린다. 자식이 있는 사람이든 없는 사람이든 어른이라면 응당 먼저 준비하고 있어야겠다. 아이들이 어른들 눈에 띄고 잘 보이려고 애쓰는 만큼 어른들도 아이들을 더 잘 보려고 애써야 한다. 누군가에게 단 한 명의 어른이 될 기회를 놓치지 말아야 한다. 그게 누구든 우리 사회의 미래 세대라는 점은 틀림없기 때문이다.

인간이 된다는 것

변호사로 일하는 친구가 요새 들어 무척 바빠졌다. 가벼운 수다가 오가던 단체 대화방에서 점점 답이 늦더니 이제는 그마저도 뜸해져 신승훈이 10년 만에 정규 앨범을 발매했다는 소식 따위에는 아예 답이 없다. 대형 로펌으로 자리를 옮긴 후 밀려드는 업무에 눈코 뜰 새가 없다고 한다. 이게 다 회사 때문이다. 친구가 모 단체의 청소년위원회에서 활동했다는 경력을 근거로 회사는 그를 학교폭력 전문 변호사 그룹에 분류해두었고 학교폭력은 지금 한국에서 가장 송사가 잦은 분야 중 하나다. 법무법인들은 이에 질세라 선거권도 채 얻지 못한 아이들에게 제 인생 첫 변호사를 선임해 최고의 법률 서비스를 받고 가해자든 피해자든 자신의 소중한 법적 권리를 행사하라고 광고한다. 나 또한 내 오랜 벗이 학폭위라는 무대의 비루투오소가 되는 모습을 보고 싶지 않지만 피고용인의 책무를 이해하는바, 친구에게 부가가치 창출의 일환으로 드라마 각본 집필을 진지하게 권한 적 있다.

이미 많은 드라마가 나왔듯 학교폭력은 대중적인 장르물로 극화하기 딱 좋은 소재다. 우선 에피소드가 다양하고, 우여곡절 끝에 결국 법정에서 결판이 난다는 일관된 형식을 유지할 수 있는 데다, 부모를 비롯해 사건에 연루된 이들의 파토스가 폭발하기 마련이라 멜로드라마 특유의 과장된 감정이나 극적인 상황을 연출하기에도 제격이다. 이혼 전문 변호사가 각본을 쓴 드라마 〈굿파트너〉의 성공 사례를 들며 취미 삼아 시작해보는 것은 어떻겠냐고 물었지만 정작 친구는 드라마를 쓰기는커녕 볼 시간조차 없는 모양이었다. 역시 그의 말마따나 "타인의 분쟁에 구체적으로 개입하는 일"은 심신을 빠르게 소모시킨다. 분쟁의 당사자가 아닌데도 그렇다. 나 역시 아이가 다니는 학교, 혹은 우리 동네의 학교폭력 사건을 네일숍이나 미용실 등에서 건너 들을 때마다 꺼림칙하다. 많은 경우가 의도치 않은 공론화, 지나친 촌평, 학교 내 여론 재판 등을 거치며 결국 학교에서 법정으로 이관된다.

이렇게 변호사들이 바빠지고 로펌의 수익이 늘며, 일선 학교와 교육청이 관련 업무로 골머리를 앓는 것은 학교폭력 가해자에 대한 엄벌주의 강화 흐름과 궤를 같이한다. 발생한 사건이 담임교사의 재량이나 학교장 선에서 자체 해결이 되면 다행이지만 '자, 그럼 이제 서로 악수하고 화해하자'는 결말로 이어지기란 여간해서 쉽지 않다. 결국 사건의 수위에 관계없이 피해자나 가해자 어느 한쪽이라도 학교의 주재에 만족하지 못할 경우 각 교육지원청에서 주관하는 학폭위, 바로 학교폭력대책심의위원회에 사건이 회부되는데, 이 단계에서부터 양측이 변호사를 대동하기 시작한다.

심의가 끝나면 학폭위의 처벌에 불복하고 재심사를 요청하는 행정심판이 으레 이어진다. 학폭위에서 가해 학생에게 처분한 징계가 학교생활기록부에 '박제'되고 관련 법령 개정에 따라 기록 보존 기간이 점점 길어지면서 대입 등 상급학교 진학에 상당한 영향을 미치기 때문이다. 그래서 요새 좋은 학군은 단지 입시 성적이 우수한 학교 인근만을 의미하지

215

않는다. 학교폭력이나 청소년 범죄가 일어나지 않는 지역, 그러니까 어떠한 형태로든 폭력을 한 번도 경험해본 적 없는 아이들이 사는 동네를 뜻한다. 학군지 반항아는 아무리 엇나가도 생기부에 반영될 행동은 일절 하지 않는다.

사실 요즘 기준대로 하자면 '가성비'가 가장 좋은 해법은 진심 어린 사과다. 미안한 마음, 한자어 뜻 그대로 '남에 대해 마음이 편안하지 못하고 부끄러움'을 인정하고 솔직하게 호소하며 그 마음을 물질적으로든 정서적으로든 상대가 흡족할 때까지 표현하는 것이 부모뿐 아니라 당사자들에게도 가장 부담이 덜할 것이다. 그러나 이런 기대는 언제부터인지 과거에의 향수나 낭만이 되어버렸다. 이제는 초등학교 1, 2학년들이 지우개를 갖고 다투다 낸 상처를 두고도 학폭위가 열린다. 아무리 사소한 일일지라도 자녀가 힘들어하는 것을 조금도 견디지 못하는 부모들이 개입하기 때문인데, 지우개 사건의 시원을 찾아 심각한 '폭력'의 인과관계를 추적하다 보면 가해자와 피해자의 구분이 모호해진다. 여기에 학교의 불공정이나 편들기 의혹까지 제기될 경우 이해관계는 더욱 복잡해진다. 이 부모들에게 학교는 규범을 가르치는 사회공동체가 아니라 교육 서비스 기관에 불과하며, 타인과 좋은 관계를 맺는 법이나 사과의 중요성을 가르치려던 담임교사는 설 자리를 잃는다. 교권은 속절없이 추락하고 그 지위를 법에 위임한다. 더 이상 자체적으로 통제할 수 없는 상황에 대응하고자 학교는 온갖 규제와 절차를 만들어 학생과 교사를 보호하려 하지만 어떠한 규제도 상황을 질적으로 개선하지 못한다. 교육청에서 2년마다 실시하는 학교폭력 실태조사에 따르면 2025년 기준 학교폭력 피해 응답률은 2.5퍼센트로, 전년 대비 늘었다.

교사의 권위는 규제가 아니라 학생들의 자발적 복종을 만들어내는 내면화된 규범에 의해 작동한다.[100] 학교폭력의 가해자와 피해자 모두 학생으로서 교사나 학교의 지시에 일단 따른다면 그것은 그들이 학교라는 공간을 신뢰한다는 뜻이다. 그러나 학교를 불신하는 학생과 부모는 교사의 개입을 거부하고 변호사를 소환해 법의 권력에 기댄다. 법 기술자의 침범을 오히려 반기며 이들이 자신의 문제를 대행하고 단번에 해결하기를 기대한다. 물론 학교의 낡고 오랜 관습이 자초한 탓도 있다. 학교폭력이 발생했을 때 적극적으로 조치하지 않고 오히려 사건을 은폐하기 바빴던 기존의 안일한 태도는 스스로의 권위를 실추시켰다. 권위가 사라진 자리에는 온갖 통제 체계가 들어서고 그것을 유지하기 위해 또 다른 규칙과 위원회가 수없이 생겨난다. 무엇을 했든 문서로 남기고, 무슨 일이든 정해진 매뉴얼에 따라 처리한다.

유명 심리학자 파울 페르하에허는 이를 두고 카프카적 수렁이라 했는데, 나는 이것을 우리식대로 '홍상수적 곤란'이라 말하고 싶다. 홍상수 감독의 영화 속 인물들은 쉼 없이 만나고, 대화하고, 술을 먹고, 헤어지고 다시 만나는 일을 반복하지만 오해는 해소되지 않고, 명확한 결정을 내리지 않으며, 사건과 감정은 그대로 남거나 더 꼬이곤 한다. 정작 본래의 문제가 무엇이었는지 잊어버릴 정도로 절차와 과정이 지난하게 반복된다. 그리고 어느 순간 우리는 그 난감하고 부조리한 상태가 현실임을 인정하고 맥없이 물러선다.

그렇다 하더라도 강력한 수직적 권위로 문제를 일거에 해결하는 법의 논리는 너무 가부장적이다. 폭력을 또 다른 폭력, 즉 권력으로 진압한 셈이므로 그렇다. 마오쩌둥은 권력이 총구에서 나온다고 했지만, 실은 어딘가에 늘 총부리를 숨기고 있는 것에 가깝다. 권력이 유지될 수 있는 것은 언젠가는 실현할 폭력을 항시 유예하고 있기 때문이다. 그래서 법의 권위에 순응하는 수준을 넘어 쉽사리 맹종하면 수평적이고 자발적으로 문제를 해결할 수 있는 기회를 잃고 만다. 우리는 이미 모든 정치적 의사 결정을 법원에 맡기는 정치의 사법화 현상을, 민주주의와 법치주의를 동의어로 여기며 점점 협소화되는 공론장을 오래전부터 우려해오지 않았던가. 물론 학교폭력은 가해자와 피해자가 분명히 존재한다는 점에서 명확히 시시비비를 가려야 할 사인 간의 갈등이지만, 저도 모르는 새 승자독식 사회의 경쟁 논리를 체화한 요즘 아이들의 구조적 병리 현상이기도 하다. 나쁜 행동임을 알면서도 승자 집단에 속하고 싶어 가해자의 편을 들거나 폭력을 방관한 아이들에게는 과연 어떤 법적 처벌을 내려야 합당할 것인가.

또한 법적 잣대란 우리의 이상처럼 무결하지 않다. 악독

한 폭력을 저지르고도 부모의 권력과 재력에 기대어 용케 처벌을 피하거나, 그도 모자라 자신의 결백을 법의 권위에 가탁하는 '못된' 아이들이 여전히 뉴스 지면을 장식하는 이유다. 대중의 분노는 인터넷 신상 털기로 한동안 들끓다 잠잠해지면 그뿐, 학교를 떠난 피해자와 남겨진 목격자들은 적자생존의 논리를 더 독하게 체득하고, 교실은 무한 경쟁 사회의 리허설 무대가 된다. 그래도 해소되지 않는 분노는 보다 잔인하고 자극적인 사적 복수의 서사로 극화되어 폭력의 역치를 점진적으로 높인다.

학교를 바로 세우고 교사의 권위를 회복해야 된다고들 한다. 그러나 지금 아이들 곁에 가장 가까이 있는 이는 누구인가. 이 아이들의 세계를 최전방에서 지켜보는 이는 누구인가. 과연 누가 복권되어야 하는가. 언제부터인가 아이들은 이 사회가 함께 키우고 있다. 맞벌이하는 부모를 떠나 아주 어릴 때부터 조부모의 품으로, 어린이집으로 이주하는 아이들은 학교와 학원, 혹은 거리에서 세계를 배우고 관계를 맺으며 온라인으로 그 지평을 넓힌다. 또래 집단을 따라 수시로 유랑하는 이 아이들의 세계관을 형성하는 데 일조한 사람이 바로 그 복권의 주체라면 우리 모두에게 책임이 있다. 우리가 그 권위를 나누어 짊어져야 한다. 옳은 것을 강제할 수 있는 권위, 당장 폭력을 멈추라고 압박할 수 있는 권위를 이 사회가 함께 행사해야 한다. 폭력은 반드시 처벌받으며 대가를 치른다는 메시지를 일관되게 전해야 한다. 맞을 만한 짓을 했으니 맞았을 거라는 통념이 폭력을 부추긴다. 관심병사나 고문관이 결국 문제라는 편견이 차이를 부정하고 차별을 용인하며 아이들이 시민성을 키울 기회를 박탈한다. 자신의 지위를 이용해 자식의 학교폭력을 무마하는 부모들이 우리의 공동체를 폐허로 만든다. 폭력은 나쁘다면서도 "맞는 것보다야 때리는 게 낫다"는 부모의 이중적 태도가 자녀의 인성을 분열시킨다.

바꾸어 말하면 이것은 미래 세대를 위해 사회가 이행해야 할 교육이다. 가야트리 스피박은 인문학의 소명이 욕망의 자발적인 재배치non-coercive rearranging of desire에 있다고 했다.[101] 나만 잘 살면 그만이라는 식의 탐욕은 소수의 악덕이 아니라 인간이 생리적·무의식적으로 보이는 즉각적인 반응, 즉 정동affect이므로 무작정 부정할 것이 아니라 인간의 욕망을 인문학 교육을 통해 비강제적으로 재배열시키는 것이 중요하다고 본 것이다. 물론 이는 나의 이익과 무관한 타인에게 응답하기 위해서다. 아이든 어른이든, 자녀가 있든 없든 우리는 인간이 되기를 끊임없이 갈망해야 한다. 정동에 좌우되는 생물학적 인간이 아닌 타인과의 관계 속에서 자신의 정체성을 확립하고 공동체를 구성하는 존재를 지향해야 한다.

결국 "인간이 된다는 것"은 "책임을 진다는 것"이고 "자기와는 관계가 없어 보이는 비참함과 직면했을 때 부끄러움을 느끼는 일"이다. 또 "세계를 건설하는 데 자기의 돌을 놓음으로써 이바지하고 있다고 느끼는 일이다".[102] 아주 천천히, 시민의 힘으로만 지어 올리는 사그라다 파밀리아 대성당은 140년이 지나도록 완공되지 않았지만 매 순간 아름답다. 시간이 걸리더라도 우리가 아이들을 위해 다 같이 쌓아 올려야 할 신뢰와 권위는 바로 그런 것이다. 이 세계는 그렇게 인간에 의해 완성되어간다. 미추美醜를 결정할 책임이 우리에게 있다.

미주

1   사라 아메드, 성정혜·이경란 옮김, 《행복의 약속》, 후마니타스, 2021.

2   버지니아 울프, 이미애 옮김, 《자기만의 방》, 민음사, 2016.

3   허민숙, "가정폭력에 대한 국가의 태도는 무엇인가", 〈시사IN〉 905 호.

4   마사 누스바움, 한상연 옮김, 《역량의 창조》, 돌베개, 2015.

5   엘리자베스 커리드핼킷, 유강은 옮김, 《야망계급론》, 오월의봄, 2024.

6   리처드 리브스, 김승진 옮김, 《20 VS 80의 사회》, 민음사, 2019.

7   배다연·유지수·김은지·이주은·이주희, "코로나19 시기 원격등교에서 나타난 고교유형별 교육 불평등 실태와 함의", 〈경제와 사회〉 133호.

8   강지나, 《가난한 아이들은 어떻게 어른이 되는가》, 돌베개, 2023.

9   디디에 에리봉, 이상길 옮김, 《랭스로 되돌아가다》, 문학과지성사, 2021.

10   김창엽 외, 다른몸들 기획, 《돌봄이 돌보는 세계》, 동아시아, 2022.

11   대니얼 마코비츠, 서정아 옮김, 《엘리트 세습》, 세종서적, 2020.

12   대런 맥가비, 김영선 옮김, 《가난 사파리》, 돌베개, 2020.

13   핍 윌리엄스, 서제인 옮김, 《잃어버린 단어들의 사전》, 엘리, 2021.

14   아고타 크리스토프, 백수린 옮김, 《문맹》, 한겨레출판, 2018.

15   루스 렌들, 이동윤 옮김, 《활자잔혹극》, 북스피어, 2024.

16   존 버거, 최민 옮김, 《다른 방식으로 보기》, 열화당, 2012.

17   김연희 기자, "의사·의대생 커뮤니티 '메슈' 관찰기", 〈시사IN〉 913 호.

18   조백건 기자, "서울대병원 교수들, '내가 알던 제자 맞나, 전공의·의대생에 절망'"(성명 전문), 〈조선일보〉, 2025년 3월 17일 자.

19   전혜원, 《노동에 대해 말하지 않는 것들》, 서해문집, 2021.

20   이종건, 《연대의 밥상》, 롤러코스터, 2022.

21   조문영 엮음, 《우리는 가난을 어떻게 외면해왔는가》, 21세기북스, 2019.

22   수전 손택·조너선 콧, 김선형 옮김, 《수전 손택의 말》, 마음산책, 2015.

23 고예나, 《우리는 언제나 타지에 있다》, 위고, 2024.
24 김애란, 《바깥은 여름》, 문학동네, 2017.
25 신경림, 〈가난한 사랑노래〉, 《가난한 사랑노래》, 실천문학, 1988.
26 손인서, 《다민족 사회 대한민국》, 돌베개, 2024.
27 위의 책.
28 고기복 외, 익천문화재단 길동무 기획, 《당신은 나를 이방인이라 부르네》, 후마니타스, 2023.
29 김영화, 《미래를 먼저 경험했습니다》, 메멘토, 2024.
30 주디스 버틀러, 김응산 옮김, 《지금은 대체 어떤 세계인가》, 창비, 2023.
31 자크 랑시에르, 양창렬 옮김, 《정치적인 것의 가장자리에서》, 도서출판길, 2008.
32 칼 마르크스, 〈정치 경제학의 비판을 위하여〉, 《칼 맑스 프리드리히 엥겔스 저작 선집》 2, 최인호 옮김, 박종철출판사, 1992.
33 장정일·한영인 지음, 《이 편지는 제주도로 가는데, 저는 못 가는군요》, 안온북스, 2022.
34 스튜어트 홀, 김용규 옮김, 《문화연구 1983》, 현실문화, 2021.
35 얀 베르너 뮐러, 노시내 옮김, 《누가 포퓰리스트인가》, 마티, 2017.
36 서경식, 한승동 옮김, 《시대를 건너는 법》, 한겨레출판, 2007.
37 게오르그 짐멜, 김덕영·윤미애 옮김, 《짐멜의 모더니티 읽기》, 새물결, 2005.
38 임솔아, 《나는 지금도 거기 있어》, 문학동네, 2023.
39 양승훈, ""제가 그래도 대학을 나왔는데": 동남권 지방대생의 일경험과 구직", 〈경제와 사회〉 131호.
40 전혜원 기자, "비수도권 청년들 빨아들인 일자리 '블랙홀'은?", 〈시사IN〉 892호.
41 황지우, 〈뼈아픈 후회〉, 《어느 날 나는 흐린 주점에 앉아 있을 거다》, 문학과지성사, 1998.
42 에드워드 글레이저, 이진원 옮김, 《도시의 승리》, 해냄, 2021.
43 송강원, 《수월한 농담》, 유유히, 2025.
44 문은아 글, 박건웅 그림, 《세월 1994-2014》, 노란상상, 2024.
45 알폰소 링기스, 김성균 옮김, 《아무것도 공유하지 않은 자들의 공동체》, 바다출판사, 2013.
46 윌리엄 셰익스피어, 김재남 옮김, 《십이야》, 해누리, 2015.
47 넷플릭스 〈허리케인 카트리나: 어떤 역경이 닥쳐와도〉, 2025.

223

48 로리 파슨스, 추선영 옮김,《재앙의 지리학》, 오월의봄, 2024.

49 이철승,《쌀 재난 국가》, 문학과지성사, 2021.

50 수전 손택·조너선 콧, 김선형 옮김,《수전 손택의 말》, 마음산책 2015.

51 에바 일루즈, 김정아 옮김,《감정 자본주의》, 돌베개, 2010.

52 도리스 레싱, 권영희 옮김,《금색 공책 1》, 창비, 2019.

53 레슬리 제이미슨, 송섬별 옮김,《모든 아름다움은 이미 때 묻은 것》, 반비, 2024.

54 김서울,《박물관 소풍》, 마티, 2023.

55 가와우치 아리오, 김영현 옮김,《눈이 보이지 않는 친구와 예술을 보러 가다》, 다다서재, 2023.

56 셸리 트레마인, 박정수·임송이 옮김,《푸코와 장애의 통치》, 그린비, 2020.

57 이재열 외, 디지털소사이어티 기획,《진격하는 AI와 흔들리는 노동자》, 롤러코스터, 2025.

58 켄 리우, 장성주 옮김, 〈즐거운 사냥을 하길〉,《종이 동물원》, 황금가지, 2018.

59 마거릿 애트우드, 양미래 옮김,《나는 왜 SF를 쓰는가》, 민음사, 2021.

60 Sean McManus, "Why firms are merging HR and IT departments", 〈BBC〉, 2025. 8. 8.

61 Ashanty Rosario, "I'm a High Schooler. AI Is Demolishing My Education.", 〈The Atlantic〉, 2025. 9. 3.

62 아즈마 히로키, 안천 옮김,《관광객의 철학》, 리시올, 2025.

63 캐럴라인 크리아도 페레스, 황가한 옮김,《보이지 않는 여자들》, 웅진지식하우스, 2020.

64 최인호, 〈타인의 방〉,《견습환자》, 문학동네, 2014.

65 박미숙 외,《마지막 일터, 쿠팡을 해지합니다》, 민중의소리, 2022.

66 황모과, 〈시대 지체자와 시대 공백〉,《스위트 솔티》, 문학과지성사, 2024.

67 알베르 카뮈, 김화영 옮김, 〈행복한 죽음〉,《알베르 카뮈 전집 1》, 책세상, 2010.

68 아마르티아 센, 이규원 옮김,《정의의 아이디어》, 지식의날개, 2019.

69 클라우디아 골딘, 김승진 옮김,《커리어 그리고 가정》, 생각의 힘, 2021.

70 박권일, 《한국의 능력주의》, 이데아, 2021.

71 끄리스나 끼라드, 〈욕망〉, 《여기는 기계의 도시란다》, 뻐라짓 뽀무외 34명, 모헌 까르끼·이기주 옮김, 삶창, 2020.

72 캐럴라인 냅, 정지인 옮김, 《욕구들》, 북하우스, 2021.

73 애나 펀더, 서제인 옮김, 《조지 오웰 뒤에서》, 생각의힘, 2025.

74 애니메이션 영화 〈라이온 킹〉의 OST 〈Circle of life〉 도입부. 원래는 줄루어 Nants ingonyama ma baki thi Baba Sithi uhm ingonyama(여기 사자가 옵니다, 아버지/그렇구나, 사자로구나)다.

75 한병철, 최지수 옮김, 《서사의 위기》, 다산초당, 2023.

76 김화진, 〈꿈과 요리〉, 《나주에 대하여》, 문학동네, 2022.

77 세라 스마시, 홍한별 옮김, 《하틀랜드》, 반비, 2020.

78 이소진, 《증발하고 싶은 여자들》, 오월의봄, 2023.

79 김홍중, 《서바이벌리스트 모더니티》, 이음, 2024.

80 전인권, 《남자의 탄생》, 푸른숲, 2003.

81 영화 〈괴물〉(봉준호 감독, 2006).

82 미셸 우엘벡, 장소미 옮김, 《지도와 영토》, 문학동네, 2011.

83 한나 아렌트, 이진우 옮김, 《인간의 조건》, 한길사, 2019.

84 김애라, 《페북 스타가 된 소녀들》, 현실문화, 2024.

85 김주희, 〈돈 되지 않는 몸을 가진 남성-피해자들〉, 《디지털 시대의 페미니즘》, 허윤 외, 한국여성학회 기획, 한겨레출판, 2024.

86 엄기호, 《고통은 나눌 수 있는가》, 나무연필, 2018.

87 황유나, 《남자들의 방》, 오월의봄, 2022.

88 권김현영, 루인, 정희진, 한채윤, 〈참고문헌 없음〉 준비팀, 《피해와 가해의 페미니즘》, 교양인, 2018.

89 오드리 로드, 주해연·박미선 옮김, 《시스터 아웃사이더》, 후마니타스, 2018.

90 조아라, 《나는 성을 가르칩니다》, 마티, 2020.

91 이근아·김정화·진선민, 《우리가 만난 아이들》, 위즈덤하우스, 2021.

92 박상현, 《친애하는 슐츠 씨》, 어크로스, 2024.

93 김혜진, 〈팔복광장〉, 《너라는 생활》, 문학동네, 2020.

94 오세진 기자, "꿈은 평등하다, 정체성이 어떻든", 〈한겨레21〉 1570호.

95 서현숙, 《소년을 읽다》, 사계절, 2021.

96 점프 엮음, 강승민 인터뷰, 《우린 좋은 어른이 될 거야》, 옐로브릭, 2025.

97 박주영, 《어떤 양형 이유》, 모로, 2023.

225

98   탕페이링, 서지우 옮김, 《친밀한 감시자》, 유유, 2023.

99   강지나, 《가난한 아이들은 어떻게 어른이 되는가》, 돌베개, 2023.

100 파울 페르하에허, 이승욱·이효원·송예슬 옮김, 《우리는 왜 어른이 되
     지 못하는가》, 반비, 2020.

101 가야트리 차크라보르티 스피박 외, 태혜숙 옮김, 《서발턴은 말할 수
     있는가?》, 그린비, 2013.

102 앙투안 드 생텍쥐페리, 《인간의 대지》, 시공사, 2014.

탐욕스러운 돌봄

ⓒ신성아, 2026

초판 1쇄 발행 2026년 3월 1일
초판 2쇄 발행 2026년 4월 20일

지은이 신성아
펴낸이 유강문
편집2팀 이윤주 김지하
마케팅 김한성 조재성 박신영 김애린 오민정 우지윤
펴낸곳 (주)한겨레엔 www.hanibook.co.kr
등록 2006년 1월 4일 제313-2006-00003호
주소 서울시 마포구 창전로 70(신수동) 화수목빌딩 5층
전화 02) 6383-1602~1603 **팩스** 02) 6383-1610
메일 book@hanien.co.kr
ISBN 979-11-7213-379-5 (03300)